中华精神家园

西部沃土

古朴秦川

三秦文化特色与形态

肖东发 主编　袁凤东 编著

中国出版集团

现代出版社

图书在版编目（CIP）数据

古朴秦川：三秦文化特色与形态 / 袁凤东编著. —
北京：现代出版社，2014.5（2019.1重印）
ISBN 978-7-5143-2368-9

Ⅰ．①古… Ⅱ．①袁… Ⅲ．①地方文化－研究－陕西
省 Ⅳ．①G127.41

中国版本图书馆CIP数据核字(2014)第085375号

古朴秦川：三秦文化特色与形态

主　　编：肖东发
作　　者：袁凤东
责任编辑：王敬一
出版发行：现代出版社
通信地址：北京市定安门外安华里504号
邮政编码：100011
电　　话：010-64267325 64245264（传真）
网　　址：www.1980xd.com
电子邮箱：xiandai@cnpitc.com.cn
印　　刷：三河市华晨印务有限公司
开　　本：710mm×1000mm　1/16
印　　张：10
版　　次：2015年4月第1版　　2021年3月第4次印刷
书　　号：ISBN 978-7-5143-2368-9
定　　价：29.80元

党的十八大报告指出："文化是民族的血脉，是人民的精神家园。全面建成小康社会，实现中华民族伟大复兴，必须推动社会主义文化大发展大繁荣，兴起社会主义文化建设新高潮，提高国家文化软实力，发挥文化引领风尚、教育人民、服务社会、推动发展的作用。"

我国经过改革开放的历程，推进了民族振兴、国家富强、人民幸福的中国梦，推进了伟大复兴的历史进程。文化是立国之根，实现中国梦也是我国文化实现伟大复兴的过程，并最终体现为文化的发展繁荣。习近平指出，博大精深的中国优秀传统文化是我们在世界文化激荡中站稳脚跟的根基。中华文化源远流长，积淀着中华民族最深层的精神追求，代表着中华民族独特的精神标识，为中华民族生生不息、发展壮大提供了丰厚滋养。我们要认识中华文化的独特创造、价值理念、鲜明特色，增强文化自信和价值自信。

如今，我们正处在改革开放攻坚和经济发展的转型时期，面对世界各国形形色色的文化现象，面对各种眼花缭乱的现代传媒，我们要坚持文化自信，古为今用、洋为中用、推陈出新，有鉴别地加以对待，有扬弃地予以继承，传承和升华中华优秀传统文化，发展中国特色社会主义文化，增强国家文化软实力。

浩浩历史长河，熊熊文明薪火，中华文化源远流长，滚滚黄河、滔滔长江，是最直接的源头，这两大文化浪涛经过千百年冲刷洗礼和不断交流、融合以及沉淀，最终形成了求同存异、兼收并蓄的辉煌灿烂的中华文明，也是世界上唯一绵延不绝而从没中断的古老文化，并始终充满了生机与活力。

中华文化曾是东方文化摇篮，也是推动世界文明不断前行的动力之一。早在500年前，中华文化的四大发明催生了欧洲文艺复兴运动和地理大发现。中国四大发明先后传到西方，对于促进西方工业社会的形成和发展，曾起到了重要作用。

　　中华文化的力量，已经深深熔铸到我们的生命力、创造力和凝聚力中，是我们民族的基因。中华民族的精神，也已深深植根于绵延数千年的优秀文化传统之中，是我们的精神家园。

　　总之，中华文化博大精深，是中国各族人民五千年来创造、传承下来的物质文明和精神文明的总和，其内容包罗万象，浩若星汉，具有很强的文化纵深，蕴含丰富宝藏。我们要实现中华文化伟大复兴，首先要站在传统文化前沿，薪火相传，一脉相承，弘扬和发展五千年来优秀的、光明的、先进的、科学的、文明的和自豪的文化现象，融合古今中外一切文化精华，构建具有中国特色的现代民族文化，向世界和未来展示中华民族的文化力量、文化价值、文化形态与文化风采。

　　为此，在有关专家指导下，我们收集整理了大量古今资料和最新研究成果，特别编撰了本套大型书系。主要包括独具特色的语言文字、浩如烟海的文化典籍、名扬世界的科技工艺、异彩纷呈的文学艺术、充满智慧的中国哲学、完备而深刻的伦理道德、古风古韵的建筑遗存、深具内涵的自然名胜、悠久传承的历史文明，还有各具特色又相互交融的地域文化和民族文化等，充分显示了中华民族的厚重文化底蕴和强大民族凝聚力，具有极强的系统性、广博性和规模性。

　　本套书系的特点是全景展现，纵横捭阖，内容采取讲故事的方式进行叙述，语言通俗，明白晓畅，图文并茂，形象直观，古风古韵，格调高雅，具有很强的可读性、欣赏性、知识性和延伸性，能够让广大读者全面接触和感受中国文化的丰富内涵，增强中华儿女民族自尊心和文化自豪感，并能很好继承和弘扬中国文化，创造未来中国特色的先进民族文化。

2014年4月18日

文明开化——古老历史

002 会制造石器的蓝田猿人

007 从古猿到古人类的大荔人

011 西安半坡先民的聚落生活

017 遗迹丰富的龙山文化遗址

人文性格——三秦风骨

姜尚周公辅佐而周朝兴盛 024

秦襄公因勤王受封而立国 030

秦穆公招纳贤良而称霸 035

秦始皇并六国而一统天下 040

汉武帝开创"武昭宣盛世" 047

司马迁忍辱负重著《史记》 051

张骞到西域开通丝绸之路 057

历史积淀——灿烂文化

066 古朴浑厚的西周青铜器

072 举世无双的秦皇陵兵马俑

078 宏大精美的大佛寺石窟

087 历史悠久而丰富的耀州窑

091 陕西各地独具特色的民居

099 精美绝伦的蓝田玉雕

105 随俗渐进的陕西木版年画

109 遥相辉映的西安钟鼓楼

民间风采——独特神韵

最耀眼的陕北说书艺术　118

独具魅力的安塞腰鼓　121

绚丽多姿的民间舞蹈　129

备受瞩目的陕西文学　136

被誉为"活化石"的秦腔　144

形式多样的陕西曲艺　149

古老历史

三秦指关中地区，三秦文化是指在三秦区域内产生的一种地方文化。关中地区位于我国内陆腹地、黄河流域和长江流域中部。

大约在120万年至80万年前，关中地区的蓝田猿人和陕南汉中龙岗寺人，就生活在这块土地上，开始制造和使用一些原始的工具，采集果实和狩猎鸟兽。

在新石器时代,原始氏族公社时期的文化遗存在陕西西安、临潼、渭南等地多有发现。丰富的史前文明，有力地说明了三秦地域是我国古人类的发源地和丰富历史的沉积地之一。

会制造石器的蓝田猿人

在我国西北部的内陆腹地，黄河和长江流域中部，有一南北长、东西窄的地域，北部为黄土高原地区，中部为平原，南部为山地。中部平原，也就是关中地区，是中华民族和中华文明的重要发祥地。

■蓝田猿人遗址

陕西蓝田县南傍秦岭，北临灞河。在远古时期，这里气候温暖湿润，大片的森林覆盖着大地，各种动物在这里活动。在大约115万年前到70万年前，蓝田猿人开始在这里生息、活动。

蓝田猿人是发现于陕西蓝田县公王岭和陈家窝两地的古人类化石，是旧石器时代早期人类，属早期直立人，学名为"直立人蓝田亚种"。

蓝田猿人化石是亚洲北部迄今发现的最古老的直立人化石，把人类活动的时间上溯了五六十万年，填补了人类进化史上的一个缺环。

公王岭遗址在蓝田县城东南，是灞河左岸最高的一个小土岗，前临灞河，后依秦岭。陈家窝遗址位于灞河右岸。两处相聚22千米。

蓝田猿人遗址主要出土的文物是古人类和伴生的动物化石，及制作粗糙的旧石器，等等。

■ 蓝田猿人塑像

陈家窝遗址出土的下颌骨化石，属于一位老年女性个体，比较完整，其特征是具有多个颏孔，有明显的联合部凸起和联合棘。

公王岭的猿人头骨由比较完整的头盖骨、大部分上颌骨和附在它上面的第二、第三臼齿，以及一些零星碎块组成。

这是属于一位30岁左右的女性，头骨壁极厚，额部明显后斜，前额低平，没有额窦，眶上圆孔硕大粗壮，在眼眶上方几乎形成一条横行的眉脊。圆枕两侧向外延展，向后明显缩窄。头骨高度较小，脑容量为778毫升。

复原后的蓝田猿人头骨倾斜并有明显的颏三角，从整体看比北京人和陈家窝出土的下颌骨化石都要原

蓝田县 古称上等美玉为"球"，次玉为"蓝"，因蓝田县盛产次玉，故名。有驰名中外的公王岭蓝田猿人遗址，被誉为"第二敦煌"的壁塑瑰宝水陆庵，建于隋唐的佛教净土宗圣地悟真寺，东汉才女蔡文姬墓，地下神宫辋川溶洞，王维别业遗迹等大批人文、自然景观。

始，尽管如此，由于他们的主要特征所显示的阶段性是相似的，因此，人们将其确定为同一类型，统称为"蓝天直立人"。

蓝田人遗址出土文物主要为旧石器，共发现200多件，石器种类有大尖状器、大型多边砍斫器、中小型多边砍斫器和单边砍斫器，还有刮削器和石球等。

这些石器中最有特色的是大尖状器，断面呈三角形，又称"三棱大尖状器"。除蓝田外，这种石器在丁村遗址、匼河文化、西侯度文化和三门峡市等地点中也有发现。这些地点均位于"汾渭地堑"及其邻近地区，表明大尖状器是这个地区旧石器文化的一个重要因素。

出土的石器中比较有特色的是用脉石英打制的盘状器，这种盘状器很可能用于割裂和刮削，它中心凸起，周围成刃，直径约10厘米，有明显长期使用的痕迹。这种盘状器在黄河流域旧石器晚期遗址中也有发现。

在这些旧石器中，最引人注目的要算蓝田猿人的手斧了。在蓝田手斧出土以前，考古学家把这种石器视为欧洲旧石器早期文化的特色，手斧在亚洲东部的出现使得学术界感到困

■ 蓝田猿人头盖骨

惑：它们究竟是远古文化交流的结果呢，还是蓝田猿人的独立发明，至今仍是个不解之谜。

遗址中出土的石球则是狩猎工具，不过，制作粗糙，与丁村、匼河、三门峡市等地发现的比较接近。蓝田的砍砸器、刮削器没有什么特色，制法和类型都和华北其他旧石器时代早期地点的差不多，但器形大得多，更显得粗笨。

■ 石球

蓝田猿人制造石器采用的材料，多为脉石英、石英岩、砾石，石器加工技术十分粗糙，有单面加工和交互加工者。

器形多不规整，对原料的利用率也较低，制造石器的技术较差，他们只会用锤击方式制造工具，器物以单面加工为主，对较大的石块进行撞击后，再经过第二步加工的较少，制作得相当粗糙，器形亦不规整，石器类型不多，往往一物多用，这些表明当时的石器制作技术仍具有一定的原始性。

蓝田遗址出土的动物化石总量达1200多件，与蓝田人伴生的动物群有41种，不但包括较多的华北中更新世常见种属，如中国缟鬣狗、李氏野猪、三门马和葛氏梅花鹿等，而且存在少量的第三纪残存种和第四纪早期典型种，如蓝田剑齿虎、中国奈王爪兽、更新

手斧 通常是一种石核工具，但时代较晚者也有用石片加工的。手斧呈梨形，即一端略尖，一端略圆；两面大部分经过加工，而圆的一端常保留原石料自然面以便手握。手斧多用来挖掘根茎、加工木头、刮兽皮，也用于宰杀大、小猎物和割剥兽皮。

猎豹和短角丽牛等。

公王岭遗址动物群最引人注目的地方，具有强烈的南方色彩，如其中的大熊猫、东方剑齿象、华南巨貘、中国貘、毛冠鹿和秦岭苏门羚等，都是华南及南亚更新世动物群的主要成员。

公王岭遗址动物群中存在着这么多的南方森林性动物，一方面表明当时蓝田一带气候温暖、湿润，林木茂盛；另一方面也表明那时的秦岭不像后来这么高，还未隆起成为妨碍南北动物迁移的地理屏障。

陈家窝遗址与公王岭遗址不同，缺少带有强烈南方色彩的哺乳动物，软体动物也基本上都是现代生活于华北的种类。

蓝田猿人的发现，增加了对古人类地理分布范围的认识，丰富了人类发展物质文化的记录，填补了人类进化过程中的重要环节。从某种意义上讲，也为这里远古流传的女娲炼石补天、抟土造人神话，增添了一段科学补注。

阅读链接

在蓝田泄湖镇陈家窝村发现一个老年女性的下颌骨化石之后，由几十名科研人员组成的多支野外考察队奔赴蓝田，对盆地内和周边地区的新生代地层开展了大规模的综合考察工作。

一天，考察队的一支小分队，准备到蓝田北岭的三官庙地区去考察，因为当地老乡曾传说该地出现过"龙骨"。但天公不作美，考察队走到半路就被大雨阻拦住了，队员们只好去公王岭附近的一个小村子里避雨。

当地的老乡们听说有考察队要来挖"龙骨"，立刻主动找到了考察队，并告诉他们一个重要的消息：在东山，也就是公王岭上也有"龙骨"。

于是，考古队员当即决定改变原来的路线，首先去公王岭考察。经过进一步的考察，从一块坚硬的钙质结核中发现一颗牙齿。后来，又发现了轰动世界的蓝田直立人头骨化石。

从古猿到古人类的大荔人

　　在铁镰山南、渭河以北、洛水以东、黄河西岸的地域，有个大荔县。在距大荔县县城西北23千米的段家乡解放村甜水沟附近，在三级阶地的砾石层中，发现了一个较完整的古人类头骨化石，命名为"大荔人"。

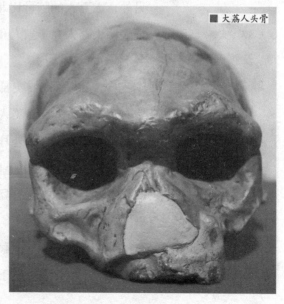

■大荔人头骨

　　"大荔人"是在西北地区发现的最完整的旧石器时代早期智人化石，是我国旧石器时代从猿人到智人过渡的一个代表。

　　大荔人距今约为23万年至18万年，主要活动在黄河中游及其主要支流渭河流域一带。

普氏羚羊 历史上分布于内蒙古、宁夏、青海、甘肃、新疆、西藏等广大地区，现仅分布于青海湖周边。体型似黄羊但比黄羊略小，奔跑时像离弦的箭，姿势与众不同，前后肢分别并在一起，后肢用力后蹬，身体跃入空中，着地时用力后撑，这种跳跃式奔跑使羚羊的身体在空中划出波浪起伏的曲线，分外优美。

大荔人头骨化石为一不足30岁的男性头骨，基本保存完好，但没有下颌骨和牙齿。脑颅的右侧后上部及左侧颧弓缺损，硬腭及齿槽受挤压而向上移位，使颜面下部变形。

大荔人头长20.7厘米，头宽为14.9厘米，重450克。头顶相当低矮，前额扁平，由大孔前缘点至前囟点间距为11.8厘米。

眉脊粗壮，眉脊上方有一条横沟，骨壁很厚，其两侧眉崤的方向由前内侧向后外侧延伸，两侧眉脊合成"八"字形，与北京猿人不同，却与时代较晚的马坝人、昂栋人及其他早期智人相似。这些表现出直立人的原始性。

大荔人吻部不甚前凸，颧弓细弱，颅骨最宽处不接近颅底，头骨最宽处在颞鳞部后上部颞鳞上缘呈圆弧形，这些又都是早期智人的进步特征。

另外，大荔人的脑量比北京人的平均值稍大。这些特征表明大荔人介于猿人和早期智人之间。

■ 大荔人头盖骨

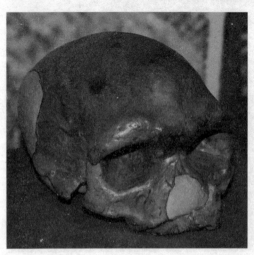

大荔人头骨颞鳞部与乳突部之间有一很深的切迹，陷入的程度与现代人相近。外耳门垂直径大于横径，属垂直型。在外耳门上方，也有耳门顶盖。

大荔人面骨相对较小，但颧弓根方向较倾斜，颧弓位于眼耳平面下方。上颌骨的前面主要朝向前方，在上颌骨与颧骨交接处突然转折向后外侧，这整个轮廓线与北京猿人很相似，与现代黄种人一致。

总地来说，大荔人体质特征介于直立人和早期智人之间。头骨面部的一些特点与现代黄种人比较接近，而与欧洲及西亚的早期智人相距较远，所以他代表了早期智人的一个新的亚种，即智人大荔亚种。

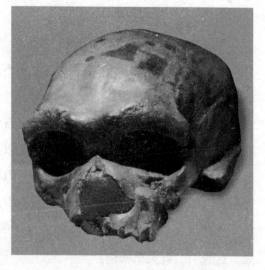

■ 大荔人头骨

与大荔人伴生的大量动物化石包括古菱齿象、犀、马、肿骨鹿、斑鹿、野猪、野牛、河狸、普氏羚羊、鼢鼠等哺乳动物化石，鸵鸟化石，鲤、鲶等鱼类化石，蚌、螺等软体动物化石。

其中的肿骨鹿，它是北京猿人洞中的代表性动物之一。这说明大荔人的时代与北京猿人接近。古菱齿象和马牙齿的形态表明其时代在更新世中晚期之间。

在大荔人头骨化石出土地点发现的植物孢子粉不多，有蒿、菊、藜等草本植物，松、柏、云杉等针叶树种，而没有发现阔叶树种。

在大荔人头骨化石出土地点，还发现了数百件石制品，大多数是石片和石核。石制品较小，长度一般不超过4厘米，重量小于20克。原料多为采自当地沙砾层中的石英岩和燧石。打片方法以锤击法为主，偶

石核 也称砾石石器。从砾石或石材上打下石片，以剩下的石核作为工具来使用。我国曾出土的三棱大尖状器系从两面或三面交互打击加工成形的。习惯上把两面刃的砾石石器称为敲砸器，单面刃的称为砍砸器，在砾石周缘加工，则成为圆形的石球，但以上的用途分工并不明显。

尔用砸击法。

用锤击法生产石片后留下来的石核，一般较厚，形制不规整，多自然台面。石核厚度大，表明其利用率不高。石片多不甚规整，也表明了打制技术的原始性。

大荔人的工具主要是石片石器，用石块、小砾石和石核做的也占有一定的比例。主要以刮削器为主，尤以凹刃刮削器数量为多。其次是尖状器，还有少量的雕刻器和石锥，但未发现盘状刮削器、砍斫器和石球。

大荔人的石器在类型和修理方法上与北京人文化有许多相似之处，这表明二者关系密切。

大荔人头骨化石的发现，在我国及东亚地区早期人类演化史的研究中具有非常重要的地位，填补了我国历史上人类由蓝田人向丁村人过渡的空白，为研究汾渭谷地早期人类活动提供了重要线索。同时，大荔人头骨化石对于了解和确定陕西地区旧石器时代文化的性质也极为重要。

阅读链接

陕西省大荔县段家乡解放村，原名王家村，1978年，在该村甜水沟东崖洛河三级阶地的砾石层中，发现了一个较完整的古人头骨化石。

经国家古人类学者多方考证，确定其为早期智人中的较早类型，时代为中更新世末期，具体时间约在20万年前左右。专家为其命名为"大荔人"。

1978至1984年，中国科学院古脊椎动物与古人类研究所、西安半坡博物馆、西北大学历史系考古班及大荔县文化馆、文管会又在此进行了两次发掘和野外调查，发现了大量石器和兽骨化石。

西安半坡先民的聚落生活

　　大约在7000年前，我国进入了新石器繁荣时代。由于这一时代的文化遗存，首先发现于河南三门峡市仰韶村，因此，被称为仰韶文化。

　　黄河流域的仰韶文化遗址已发现了1000多处，从其分布来看，陕

■半坡聚落复原图

■ 半坡房屋遗址

西中部地区最为密集，而西安半坡遗址最有代表性。

西安半坡聚落不在波涛滚滚的黄河畔，甚至也不在黄河的重要支流渭河边上，而是在渭河的支流浐河附近的二级阶地上。

这里地势开阔平坦，取水方便；阶地上面茂密的森林等待先民去索取，阶地下面的河水即使泛滥也不易毁坏先民的家园，这里是先民的理想之所。

半坡聚落大致形状为南北稍长、东西略短的不规则椭圆形，分为居住区、氏族公共墓地和制陶区3部分。居住区在聚落的中心，半坡遗址居住区周围环绕有一条全长300米、宽6至8米、深5至6米的大壕沟；沟的底部宽4米，并发现有木柱痕迹，在围沟底部和两旁曾设有防御之类的障碍物。

类似的大围沟在其他同时期遗址中也有发现，除防水和排水作用外，它还起着避免野兽侵扰，防止各部落之间氏族成员因血亲复仇而发生冲突的作用。

在居住区的中间有一条宽2米、深1.5米的小沟将居住区分为两片，形成两个既有联系，又相区分的两组布局。

在半坡发现的房子46座，有圆形、方形和长方形，有的是半地穴式建筑，有的是地面建筑。每座房子在门道和居室之间都有泥土堆砌的门槛，房子中心有圆形或瓢形灶坑，周围有1至6个不等的柱洞。

居住面和墙壁都用草拌泥涂抹，并经火烤以使其坚固和防潮。圆形房子直径一般在4至6米，墙壁是用密集的小柱上编篱笆并涂以草拌泥做成。方形或长方形房子面积小的12至20平方米，中型的30至40平方米，最大的复原面积达160平方米。

用来储藏食物和用具的窖穴，共发现200多个，多密集分布在居住地区内，和房屋交错在一起。可分为早晚两期，早期较小，有多种形状；晚期的较大，一般为口小底大的圆形袋状坑，壁和底部均加工平整。

同一时期的窖穴，一般密集成群。窖穴中往往发现有吃剩的食物或各种工具用具，有一个发现堆积着18厘米厚的腐朽谷壳，有的则发现人骨架。

半坡氏族的墓葬共发现250座，分为两种：一种是成人墓，共174座，一种是小孩墓，共76座。成人墓多位于大围沟外北部的氏族公

■ 半坡人墓穴

瓮棺葬 是古代墓葬形式之一，大多将小孩的尸体殓入葬具，埋葬，还有用来埋葬成人的。这种葬俗流行于新石器时代至汉代。瓮棺葬具绝大多数是人们日常生活中使用的陶器。在仰韶文化半坡等遗址中也有尖底瓶瓮棺或陶罐口部相对，瓮棺为横置。汉代瓮棺葬多由盆形和筒形的陶质器物套接而成。

■ 半坡文化陶器尖底瓶

共墓地中，一小部分在沟外的东南部和西南部，还有两具屈肢人骨架埋在居住区的窑穴中。

小孩墓有73座是瓮棺葬，两座无葬具，另一座是按成人葬法埋葬的，小孩和成人基本上是异地埋葬的，小孩埋在居住区房屋近旁，成人则埋在部落居址之外。

半坡遗址共出土石、骨、角、陶、蚌、牙等质料的各种生产工具5275件，另有陶制半成品2638件。按照工具的主要功用，可分为3大类：农业生产工具；渔猎工具；手工业工具。

此外，还有其他一类，包括因功用不明或可兼用于不同工作部门的各种工具。

生活用具主要是陶器。陶器以红色陶为主，还有红褐陶及少量灰陶，陶质有夹砂、泥质和细泥3种。从其形状和生活需要来看，可以分为饮食用器、水器、饭炊器和储藏器等不同类别。

陶器表面多饰以绳纹、锥刺纹、弦纹、指甲纹和附加堆纹等，在细泥陶器上多饰以黑色彩画，图案主要有人面鱼、鹿、宽带、三角以及植物纹饰，有的还把人面和鱼有机地结合起来成为生动而富有特色的人面鱼纹。

在钵口沿的宽带纹上发现有

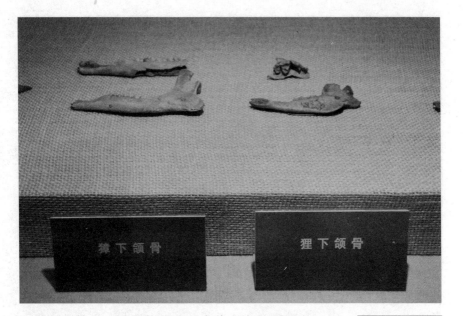

■ 半坡遗址出土的
动物骨骼

22种刻画符号，这可能是我国古代文字的渊源之一。在许多陶器的底部还发现有布纹、席纹和其他编织的印纹。

另外，还有精美多样的装饰品。按其形状分，有环饰、璜饰、珠饰、坠饰、方形饰、片状饰和管状饰等；以功用分，有发饰、耳饰、颈饰、手饰和腰饰；按其材料分，则有陶、石、骨牙、蚌、玉、介壳等，其中以陶制的最多，石制、蚌制的次之，骨、牙制的较少。

半坡遗址发现的动物骨骼，属于哺乳动物的有偶蹄类：猪、牛、羊、斑鹿、麝等；食肉类：狗、狐、獾貉和狸；奇蹄类：马；啮齿类：竹鼠、田鼠；兔形类：兔及短尾兔。另外还有少数鱼类及鸟类骨骼。

出土的骨骼，无论是属于家畜的还是野生动物的，都非常破碎，看来都是经人工打碎的。除了鹿角

弦纹 古代陶器纹饰。纹样是刻划出单一或若干道平行线条，排列在器物的颈、肩、腹、胫等部位。弦纹广泛应用在新石器时代陶器上，在青铜器上呈现为凸起的横线条。弦纹有细弦纹和粗弦纹两种。细弦纹像一条细长的带子平缚于陶器之上；粗弦纹作宽带状，中间呈凹槽状，犹如板瓦，亦称瓦纹。

■半坡遗址生活场景

和部分碎骨可能是做骨器使用外，其他骨似乎都是为了吃肉和骨髓而打碎的。

半坡遗址是黄河流域规模最大、保存最完整的原始社会母系氏族村落遗址，为研究我国黄河流域原始氏族社会的性质、聚落布局、经济发展、文化生活等提供了较完整的资料，对研究我国原始社会历史和仰韶文化的分期具有重要的科学价值。

阅读链接

1953年春，西安灞桥火力发电厂施工中发现彩陶，后又在浐河东岸半坡村附近发现一处类似遗址的遗迹。在河岸台地的剖面上，有灰土层、红烧土层、红烧土、灶坑和灰坑，以及夹杂在灰石中的骨制斧、锛、刀、笄、针等各种工具、用具。又在一口灌溉井的井壁的堆积层中挖出一个完整的小型陶罐与一个完整的骨笄。

随即对半坡遗址进行了较深入的调查。先后进行了5次较大规模的发掘，发掘并清理出40多座房屋遗迹，发现石斧、石锛、石锄、石铲、石刀、陶刀、石磨盘、石杵、石凿等735件，发现存有粟粒并储藏东西的窖穴及大量墓葬。

遗迹丰富的龙山文化遗址

　　历史不断向前发展，大约距今4000年时，龙山文化开始在陕西大地上出现。陕西龙山文化首次发现于长安客省庄，所以又称客省庄二期文化，主要分布于渭河、泾河流域。如西安客省庄、斗门镇、米家崖、长乐坡、赵家湾，岐山双庵，兴平张耳村，武功赵家来等遗址。

　　在客省庄遗址发现房址10座，双庵遗址11座，赵家来遗址12座，都是半地穴式建筑，分单室和内外双室两类，建筑平面多呈"凸"字形，有的数间连成一片，周围有土墙环绕，构成院落式建筑群。

　　单室房子平面呈圆形或方形，一般在10平方米左右。由内、外室

龙山文化高足杯

夯土墙 指用夯土方法修筑的墙。四五千年前我国就已经用夯土方法修筑城墙。夯土造屋早在殷商时代就有了。生土建筑在我国产生于4000多年前的新石器时代。在公元前16世纪至公元前11世纪的殷商时代就有成熟的夯土技术，到汉代民居建筑使用夯土墙的更多。

■ 龙山文化玉圭

组成的双室房子，一种是"吕"字形房子，另一种是内室为圆形、外室为长方形的，中间都有过道相连。居住面是平而坚硬的土地面。内室中部有一个烧灶面，是烧火做饭或取暖的地方。

外室挖一个龛形壁炉，可能兼作保存火种之用，有的还在外室挖一个储存东西的窖穴，筑有一段斜坡或台阶式门道通向室外。这种双室房屋的出现，可能是与父系氏族社会个体家庭的生活需要相适应的。

房屋墙体的建筑方式有夯土、土坯和草泥垛成的几种。在赵家来遗址发现了版筑夯土墙遗迹，最长的一堵在11米以上，宽0.4米，高0.62至0.8米。这显示了建筑技术上重大的进步。依据柱洞推测是木架的屋顶，上面还铺盖有柴草等覆盖物。

在客省庄遗址发现一处房屋遗存，前、后室都为长方形，两室之间有过道相通；房屋的平面均呈"吕"字形；前、后室各有一个柱洞。内室中部有两个凹入地面的椭圆形小灶；前室北墙中部有一个较大的壁炉，壁炉附近有5个小灶；前室西北角有一个袋状窖穴；门开在前室的西南，门道呈斜坡状。长武将台山遗址还发现了5间并列的房屋遗存。

陕西龙山文化有大量口小底大的袋形窖穴，有的窖穴直接挖在室内，坑底往往用木板进行铺垫。还发现直径近一米的大盘形陶器，中心有一个20多厘米的圆孔，推测是袋状窖穴的坑盖。

这些窖穴一般用作贮藏，但有的穴内有单膝跪伏、两手前伸、侧身而卧的散乱骨架，并伴随有狗骨架，可能是在废弃后成了乱葬坑。

■ 龙山文化灰陶罐

最能反映陕西龙山文化特征的是陶器。以灰陶为主，有少量的红陶和黑陶。纹饰以拍印的绳纹、篮纹最为普遍，绳纹多竖向，篮纹一般都较宽且多为横向，有少量的附加堆纹、弦纹、方格纹等。陶器的口沿上常加锯齿形花边。

三足类炊器中，鬲、斝较多，鼎、鬶少见；饮食器中，罐、碗较多，盘、盆稍少。有的罐上有烟炱，显然也是一种煮沸器，还有多圆孔的蒸食用的陶甑，由此丰富了食物的品类，表明饮食生活水平较高。

其中以单把鬲、双耳斝、单耳罐、双耳罐、三耳罐、小口高领折肩瓮等具特征性，折肩小平底瓮更是其他文化所罕见。

鬲是数量最多的一种炊器，下部的3个袋形空足，正好放置在圆形的小凹灶上，并且都附加一个安在腿上的把手，和另外两条腿相对应，当提起把手向外倾倒食物时，前方两足同时着地。

绳纹 古代陶器的装饰纹样之一。是一种比较原始的纹饰，有粗绳纹和细绳纹两种。绳纹是在陶拍上缠上草、藤之类绳子，在坯体上拍印而成的，有纵、横、斜并有分段、错乱、交叉、平行等多种形式。是新石器时代至商周时期陶器最常见的纹饰。

斝也是发现较多的炊器，颈部总有两个对称的半环状耳。耳和足的关系是固定的。从正面看是两耳在左右时，两足也正位于前方，另一足在背面正中。鬲和斝的把手所设计的位置是很符合力学原理的。瓮的盖子特别，它是和瓮身一起制成胚胎后割开的，盖与瓮口接合处还划上记号，以便盖得严密。

陶器以泥质和夹砂质为主，制法主要是手制、轮制和模制。手制陶器大多采用泥条盘筑法，特别是瓮、罐类大型器通常都是用这种方法成型。轮制多为小件器皿，如小陶罐；模制只限于鬲的下半部，工艺上使用了空心锥体形的陶内模，或以原有的陶器袋足为模子，外部敷泥拍打，制作而成。

鬲、斝在制陶工艺上使用了空心锥体形的陶内模，或以原有的陶器袋足为模子，外部敷泥拍打，制作出鬲、斝、鬶、盉等器物的袋足部分。在鬲、斝类陶器袋足的内壁上常常可以看到"反篮纹"或"反绳纹"的印痕，因而知道这些器类应该都是用模子做出来的。

古代陶斝

有些小型陶器则直接捏塑成型。在斗门镇发现一件长10多厘米的光面空心的内模标本。这种用内模制造陶器袋足的方法，只见于陕西龙山文化。

石器有斧、刀、锛、矛、凿、镞、盘状器等。石斧有剖面呈椭圆形和扁平长方形，后者为穿孔石斧。石刀多为长方形、单孔或双孔，穿孔的部位靠近刃部，同其他地区石刀穿孔多在背部的情况有别，这也是陕西龙山文化的一个特点。

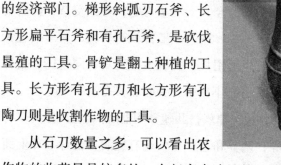

农业工具约占全部工具的三分之一，可见农业已成为当时主要的经济部门。梯形斜弧刃石斧、长方形扁平石斧和有孔石斧，是砍伐垦殖的工具。骨铲是翻土种植的工具。长方形有孔石刀和长方形有孔陶刀则是收割作物的工具。

从石刀数量之多，可以看出农作物的收获量是较多的。在赵家来遗址的一些窖穴里还残留有成堆的碳化粮食。家畜饲养也比较兴旺，出土有狗、猪、羊、牛的遗骸。

在客省庄发现的渔猎工具约占工具总数的四分之一，有三棱、四棱的带铤骨镞和石镞，还有精致的骨鱼钩，说明渔猎经济具有一定的地位。獐、野兔和螺，是狩猎和采集的主要对象。

在客省庄、双庵均发现有陶窑。陶窑多为横穴式，窑室和火膛均呈圆形。在椭圆形窑室底部有"北"字形火道，火膛内保存着很厚的草灰，说明是以草秆等作为主要燃料的。

同时出土的有长方形和菌状的陶压锤。当时以泥条盘筑的手制方法为主，少数的小罐已使用轮制，袋足器则采用了模制和手制相结合的新技术，既提高了工效，又使成品更为规整，可见当时的制陶业是比较发达的。

这一时期其他地区的文化中已发现有铜器，估计陕西龙山文化可能也有了铜器。骨器有铲、镞、针、锥、鱼钩等。蚌器有刀和镰。

装饰品中有半环形的玉璜，还发现陶祖、人骨雕刻和卜骨。人骨雕刻是用人的股骨头刻成的人面形。卜骨皆用羊的肩胛骨制作，不加修治，只灼不凿；只在骨脊中间的平面上进行烧灼，烧痕从两至十几个不等，没有一定的数目和排列规律，是当时原始信仰的遗物。

当时氏族成员信仰占卜，用羊的肩胛骨进行烧灼，依照出现的兆纹以断吉凶。骨卜宗教中只有羊灵观念。

客省庄遗址的墓葬以长方形竖穴土坑墓为主，葬式复杂，仰身直肢葬、俯身葬和屈肢葬均有不少发现，一般都没有葬具，大多数也无或少有随葬品，随葬品既有生活用具，又有生产工具，同时还有装饰品。姜寨遗址发现的6座墓葬分布不集中，头向和葬式也不一致。

横阵村发现一座成年男女合葬墓，共随葬陶器6件。在凤翔大辛村也发现了比较特殊的墓葬，墓葬和墓口外发现有柱洞，估计墓葬上面可能还曾另有类似房屋的建筑。

龙山文化遗址表明了丰富的文化内涵，展现出当时空前繁荣的新石器文化。

阅读链接

陕西客省庄文化遗址由3个不同文化层构成，下层是仰韶文化，中层是客省庄二期文化，上层为周文化层，3种文化层叠压，称"三叠层"。

发现的遗存主要有房屋遗址和圆形装状灰坑以及墓葬、陶窑、窖穴等，西周时遗存主要有51座墓葬；还发现了东周墓葬以及战国时代水井，是流行于渭河流域新石器晚期文化的典型代表。

文化特征主要是灰陶，多为泥质，有大量篮纹、绳纹。三足类炊器中，鬲、斝较多，鼎、鬶少见；饮食器中，罐、碗较多，盘、盆稍少；特别是有一种折肩小平底瓮，为其他文化所罕见，是代表性器形。

三秦风骨

在周部落迁岐山之后，三秦大地进入了一个新的历史发展时期，先后有14个王朝在此建都，其中就包括中华文明最为辉煌的周、秦、汉、唐4个王朝。

受优越的地理位置和文化氛围的辐射，从先秦到明清，这里人才辈出，帝王将相、才子佳人、名家名士应有尽有，如周文王、秦襄公、秦穆公、秦始皇、刘彻、司马迁、张骞……

这些三秦英豪们，他们或耿直尚武，或爽朗朴实，给三秦大地奠定了熠熠生辉的人文性格。

姜尚周公辅佐而周朝兴盛

黄帝的曾孙帝喾娶有4妃：元妃鞠訾氏，次妃陈锋氏，次妃有娀氏，次妃有邰氏。第四妃有邰氏是炎帝的后代，姓姜，名嫄。

相传有一天，姜嫄在野外，见一巨人的足迹，她踏上足迹，之后

帝喾雕塑

就怀孕了。生了一子，姜嫄以为不祥，把孩子扔到小巷里，马牛从他旁边走过都不踩他；姜嫄又把他扔到树林中，当时山林人多，又把他迁走；而丢弃在渠中的冰上，飞鸟用它的翅膀覆盖在孩子身上使他生存下来。姜嫄以为孩子是神，遂又收养使他长大。因为最初欲把他丢弃，因而名叫"弃"。

弃为儿童时，好种树麻、

菽。成人后，好农耕、相地之宜，善种谷物稼穑，民皆效法。尧听说，举为农师，天下得其利，有功。

舜道："弃，黎民始饥，尔后稷播时百谷。"封弃于邰，号曰后稷，别姓姬氏。

弃传了三代，到公刘做部落首领时，率族众迁到邠。公刘以后经过9代，即约公元前12世纪，古公亶父做首领时，周部落渡过漆水，翻过梁山，来到渭河北岸岐山南麓一块美丽富饶的黄土平原定居，并用自己的族名命名这块土地叫"周原"。

古公亶父在这里指挥族人开垦土地，挖渠排水，种植庄稼，发展农业；营建庙堂、宫殿、住宅，修筑城墙，设置官吏，建立军队，并多次打退前来骚扰的戎、狄部落。

古公亶父娶有邰氏之女太姜为妃，生姬太伯、姬仲雍、姬季历。姬季历娶挚国任姓国君的次女太任为妃，生子叫姬昌。

古公亶父非常喜欢三子姬季历的儿子姬昌，想立三子姬季历为继承人，以便让姬昌即位。

姬太伯、姬仲雍为避让兄弟，即奔走南方，后来成为春秋时期长江下游显赫一时曾多次北上称霸的吴国建立者。

■ 后稷塑像

炎帝 烈山氏，号神农氏，又称赤帝，他是远古时期部落首领。炎帝以姜水成，因有火德之瑞，故号炎帝。炎帝制耒耜，种五谷。立市廛，首辟市场。治麻为布，民着衣裳。作五弦琴，以乐百姓。削木为弓，以威天下。制作陶器，改善人们生活。

■ 姬昌（前1152—前1056年），即周文王，名昌。他是黄帝的后裔。商纣王统治时，他被封为西伯，也称伯昌。他治理岐山50年，使岐山的政治和经济得到了极大发展。其子姬发得天下后，追尊他为"周文王"。孔子称周文王为"三代之英"。

古公亶父死后，姬季历即位。季历遵循古公之法，诸侯多归顺。他还数次征伐戎狄获胜，得到商王武丁的赏赐。

商王文丁时期，姬季历被任命为牧师，为西方诸侯之长，势力日强，终为商王嫉而杀之。姬季历死后，姬昌即位，号西伯。

姬昌即位后，敬老爱幼，礼贤下士，商朝很多的诸侯国都归顺于他。西伯很注重选用人才，姜尚姜子牙就是他发现的人才。

传说，姜尚早年博览群书，满腹经纶，韬略过人，曾做官于商纣。因商纣亲奸佞，害忠良，愤而辞官，以屠牛卖饮度日。他听说西伯重视人才，就在渭水河边钓鱼，希望能看见从这里经过的西伯。

有一天，他真的见到了西伯，两人谈话很投机，于是，姜尚与西伯同车而归，被西伯封为军师，成为周王朝的开国功臣。

在姜尚等人的帮助下，周部落强大起来，使商纣王的大臣们很是不安，他们把周部落的事情告诉了纣王，但纣王不以为意。

西伯看到纣王的所作所为，暗中叹息，被纣王的一个大臣崇伯虎听到，告发了西伯，纣王就把西伯抓了起来，关在酉里。后经过西伯的大臣投纣王所好，才被释放出来。

西伯释放回国后，决定讨伐商纣。他首先带兵征服了力量仅次于商朝的密须国，商朝西部最大的附属国崇国、西戎和阮、共等小国。

西伯娶莘国姒姓之女太姒为妃，生姬邑考、姬发、姬旦、姬鲜、姬度、姬虞等10子。姬邑考在商为质时被商王所杀。

经过几年的努力，商朝的大部分地区都落入了周部落的势力范围，三分天下已有其二。正当周部落要攻打商朝的时候，西伯得病死去。

西伯死后，姬发即位。姬发即周武王。他继承父亲的遗志，拜姜尚为军师，兄弟周公旦、召公奭做助手，整顿内政，扩充兵力，终于在公元前1046年率领本部落3000将士，联合了庸、蜀、羌、髳、彭、濮等800多个大小部落50000多人，在牧野同纣王70000多人的军队交战。

当时，商朝的主力军正在与东夷族作战，这次同周武王交战的商军，都是纣王临时召集起来的奴隶和

■《文王访贤》年画

从东夷抓来的俘虏。这些人平时受够了纣王的虐待，早就对他恨之入骨，双方一交战，就纷纷调转矛头，在阵前起义，并引导周军攻入商朝都城。纣王逃到鹿台自焚而死。

推翻了商王朝，姬发在周部落的发源地镐京建立了周王朝。当时周朝的疆域东到山东，西到甘肃，南抵江淮流域及四川，北达内蒙古和辽宁，并和四周的民族建立了广泛的联系。

为了确保周王朝的统治地位，周武王实行了分封制：封军师姜尚于齐国；封其弟周公旦于鲁国；封其弟召公奭于燕国；封其弟高于毕国；封其弟鲜于管国；封其弟度于蔡国；封其弟振铎于曹国；封其弟虞于霍国；封其弟成于成国；封其弟康叔于卫国等15个兄弟诸侯国，还有同姓诸侯国40来个。据统计：周王朝共分封了124个诸侯国。

周初分封，周公和召公的封邑以陕为界，陕以东周公治之，陕以西召公治之。后人因此称陕以西地区为"陕西"。

周武王时，开始确定了祭祀祖先的礼法。规定避讳称呼先人的名字，只能称谥号。而且规定地位低贱的人不能给地位尊贵的人记功颂德；年幼的人不能给年

诸侯 源自分封制，最迟可以追溯到西周时期。当时土地和连同土地上的人，分别授予王族、功臣和贵族，让他们建立自己的领地，拱卫王室。封国的面积大小不一，封国国君的爵位也有高低。诸侯必须服从周王室，按期纳贡，并随同作战，保卫王室。

■ 姜尚塑像

■ 周公 姓姬名旦，又称周公旦，也称叔旦，谥号"文公"。他是周代周文王的儿子，是西周初期杰出的政治家、军事家和思想家。他曾先后辅助周武王灭商、周成王治国。他制定和完善宗法、分封等各种制度，使西周奴隶制获得进一步的巩固。

长的人记功颂德；诸侯之间不能互相记功颂德；谥号只能由受命于天的天子追谥，武王追谥古公亶父为太王；季历为王季；他的父亲为文王。

公元前1042年，周武王病死。周武王是一位具有卓越政治和军事才能的杰出人物，他作为对后世有深远影响的周王朝基业的奠定人和传统礼乐文明的开创者，一直为后人所称颂。

周灭商以后的一段时间，周朝内部暂时没有利益之争，政局也相对稳定、安宁，甚至还出现过暂短的繁荣。周王朝最兴旺的时候是周成王、周康王时，历史上称"成康之治"。

阅读链接

姬旦是周文王姬昌的第四子，周武王姬发的同母弟。因采邑在周，被称为周公。史书载"周公制礼作乐"，就是指周公为了巩固周王朝的统治，加强对分封诸侯的控制，由政治及文化方面制定了一套完整的典章制度。

周公依据周制，参酌殷礼，首先确立周王为天下共主，称天子。又以天子为大宗，而与其同姓的叔伯、兄弟，为小宗，从而形成以血缘关系为联系的"宗法制"。

天子之下有诸侯，诸侯内部又有爵位、等级之分，形成阶梯式的等级制度。由宗法制和等级制结合，就产生出一套完整的、严格的礼仪制度。

秦襄公因勤王受封而立国

西周崛起后，黄帝之孙颛顼的一个支系赵非子居住在犬丘，喜爱马和其他牲口，并善于饲养繁殖。犬丘的人把这事告诉了周孝王，孝王召见赵非子，让他在汧河、渭河之间管理马匹。

《周幽王烽火戏诸侯》场景

马匹大量繁殖，周孝王便说：

"从前伯益为舜帝掌管牲畜，牲畜繁殖很多，所以获得土地的封赐，受赐姓嬴。现在他的后代也给我驯养繁殖马匹，我也分给他土地做附属国吧！"

于是，周孝王便将赵非子的异母弟成封于秦，让他接管嬴姓的祭祀，号称秦嬴。

西周晚期，秦的首领秦仲诛伐西戎有功，封为西垂大夫，后传位长子庄公。秦襄公是秦庄公次子，兄知其有雄心壮志，遂让太子位。

公元前778年秦庄公死，秦襄公即位。此时，戎狄之势仍非常强大，直接威胁秦的基业之本。

■ 周幽王画像

秦襄公深知秦人是在夹缝中求生存，稍有不慎将会导致灭种之祸。他审时度势，一是将妹妹穆嬴嫁与丰王为妻，二是把都邑迁到汧邑。

秦国在向上发展，西周却走了下坡路，特别是周幽王执政后。周幽王昏庸无道，宠爱妃子褒姒，为博得褒姒一笑，他在烽火台上演了一场"烽火戏诸侯"的闹剧。

公元前771年，犬戎进攻都城镐京。周幽王慌忙燃起烽火向各诸侯报警。当时，各诸侯因被幽王欺弄惯了，大部分诸侯对西周王朝失去信心，没有勤王。

烽火台 古时用于点燃烟火传递重要消息的高台，系古代重要军事防御设施，是为防止敌人入侵而建的，遇有敌情发生，则白天施烟，夜间点火，台台相连，传递消息。是最古老但行之有效的消息传递方式。

古朴秦川

三秦文化特色与形态

■ 周平王雕塑

但是，秦襄公审时度势，奋起勤王。镐京轻易地被犬戎攻破，周幽王带着褒姒仓皇出逃，在骊山脚下被犬戎人杀死，褒姒也成为犬戎人的掳获品。

各诸侯得知镐京失陷、幽王被杀的消息后，纷纷派兵救援。当各路大军赶到镐京后，看到的只是一座被焚烧殆尽的死城。各国诸侯见幽王已死，便共同拥立太子宜臼为周王朝的天子，这就是周平王。

周平王即位后，看到犬戎随时都有卷土重来的可能，再加上镐京已成废墟，自己兵力有限，无法在关中地区统治下去，于是在公元前770年，由各国诸侯护送，迁都河南洛阳，即历史上的"东周"。

周平王因秦襄公护周有功，封其为诸侯，并宣布把岐山以西的大片土地赏赐给秦。秦襄公非常高兴，即立西畤，用马驹、黄牛、羝羊各三的太牢大礼，祭祀白帝，以庆贺秦的正式立国。

秦襄公受封为诸侯，标志着秦已升为与齐、晋、郑等国一样的地位，这是巨大的飞跃。

尽管秦襄公获得了在关中地区自由发展的机会，但是在建国之初，还面临着能否继续生存下去的严峻考验。

周平王赐给秦的土地，

实际上布满了戎、狄部落，秦国要生存下去，就必须与戎、狄作长期的斗争，不断壮大自己，拓展疆土。最初几年的斗争，均以秦国的失败而告终。秦襄公眼看着封赐给自己的土地却得不到手，很不甘心，于是连年向戎、狄发动进攻。

有一次，秦襄公率兵终于攻到属于自己的封地岐山，但未能立足，只好又退了回来。在一次大战中，秦襄公身先士卒，奋勇冲杀，不幸战死疆场。

■ 犬戎大闹镐京图

秦襄公是春秋初期的一位杰出君主，在位时日虽不算很长，但他开创的基业及其雄才大略，为秦国社会发展和强盛奠定了基础。

秦襄公死了，但其未竟的事业没有中断，其长子文公即位，继续奋战。公元前762年，即秦文公即位后的第四年，秦兵到达汧渭之汇合处，并筑城邑定居下来。

公元前750年，秦军大破戎族，取得重大胜利，戎人败退，秦人占据周原，真正取得了周天子赐给的封地，实现了秦襄公的遗愿。

岐山是周族人的故地，是当时古代农业生产最发达的地方。这里气候温和，土壤肥沃，还有不少拥有

周原 为周人的发祥地、西周故都。是中华民族重要发祥地之一，其位于陕西宝鸡市的岐山与扶风。为周族之祖古公亶父率众由豳地所迁居之处。对周原的考古屡有重大发现。周原被誉为"青铜器之乡"，出土了毛公鼎、大克鼎、墙盘等国宝级青铜器。

丰富生产经验的劳动者。

秦人利用这些有利条件，在这里筑城，建立根据地，使原来落后的游牧经济变为较先进的农业经济。

在秦文公当政的几十年间，秦国在军事上虽然没有取得什么进展，但他巩固了岐山以西的广大地区，为以后取得更大胜利奠定了基础。

秦文公死后，秦宪公即位。他将秦国都城迁往平阳，后来又消灭了国都附近的一些小股割据势力，关中西部基本上为秦国所控制。秦武公时，用武力向东、西两面扩展势力，不断取得对戎作战的胜利。

阅读链接

这一天，周幽王陪伴褒姒来到烽火台上，点起狼烟火把，并把大鼓擂得震天响。按照约定，周王室一旦有敌情，各诸侯国必须派兵相救。

诸侯们一看烽烟大起，以为有外敌入侵都城，急忙率领兵马赶到镐京。但到这里一看，只见周幽王陪伴着褒姒在台上悠然饮酒作乐，并没有什么紧急情况，才知道受了戏弄，一个个懊恼地带兵回国。

褒姒在台上看到各国诸侯受骗的狼狈相，觉得十分开心，禁不住哈哈大笑起来。

周幽王一看这个办法终于逗得褒姒发了笑，心里也非常高兴，又依法炮制了几次，结果各国诸侯一次比一次来得少了。后来，当幽王再点起烽火时，就根本没人理睬了。

秦穆公招纳贤良而称霸

经文、宪、武、德、宣诸公努力，秦的疆土不断东移，到秦穆公即位时，已占有大半个关中了。

公元前659年，秦穆公即位。为了使国家强盛，秦穆公四处搜求人才，重用他国来的客卿。

百里奚是虞国的亡国大夫，很有才能。晋献公本想重用他，但百里奚却宁死不从。正巧秦穆公派公子絷到晋国代自己去求婚，有个大

■秦穆公（？—前621年），一作秦缪公，姓嬴名任好。秦国第一任君主。谥号"穆"。他在位期间，内修国政，外图霸业，开始了秦国的崛起。他出兵攻打蜀国和其他位于函谷关以西的国家，开地千里，因而周襄王任命他为西方诸侯之伯，因此称"霸西戎"。

晋献公 春秋时代的晋国君主。因其父活捉戎狄首领诡诸而得名。即位后奉行尊王政策，提高声望。攻灭骊戎、耿、霍、魏等国，击败戎狄，复采纳荀息假道伐虢之计，消灭强敌虞、虢，史称其"并国十七，服国三十八"。

臣便对晋献公说："百里奚不愿做官，就让他做个陪嫁的奴仆吧！"

公子絷带着百里奚等回国时，百里奚却半道上偷偷逃走了。

秦穆公和晋献公的女儿穆姬结婚后，在陪嫁奴仆的名单中发现少了百里奚。就追问公子絷。公子絷说："一个奴仆逃走了，没什么了不起。"

当时有个从晋国投奔过来的武士叫公孙枝，把百里奚介绍了一番，认为他是个了不起的贤才。于是，秦穆公一心想找到百里奚。

后来秦穆公总算打听到百里奚的下落，就备了一份厚礼，想派人去请求楚成王把百里奚送到秦国来。

公孙枝听说后，说："这可万万使不得。楚国让百里奚看马，是因为不知他是个贤能之士。如果您用这么贵重的礼物去换他回来，不就等于告诉楚王，你想重用百里奚吗？那楚王还肯放他走吗？"

秦穆公问："那你说说怎样弄他回来？"

公孙枝答道："应该按照现在一般奴仆的价钱，花5张羊皮把他赎回来。"

于是，一位使者奉命去见楚王，说："我们有个奴隶叫百里奚，他犯了法，躲到贵国来了，请让我们把他赎回去办罪。"说着献

■ 秦穆公雕塑

■ 百里奚（约前700年—前621年），春秋时楚国宛人。入秦后，带去了周先进的文化、政治和耕作技术，为以后秦国兼并六国，统一中国奠定了基础。

上5张黑色的上等羊皮。

楚成王想都没想，就命令把百里奚装上囚车，让秦国使者带回去。

秦穆公亲自召见百里奚，一看，原来是个老头，不觉脱口而出道："可惜啊，年纪太大了！"

百里奚说："大王，如果您让我追逐天上的飞鸟，或者去捕捉猛兽，臣确实太老了；但如果和大王您一起商讨国家大事，臣还不算老呢！"

秦穆公一听，不由肃然起敬道："我想让秦国超过其他的国家，您有什么办法吗？"

百里奚说："秦国虽在边陲地区，但地势险要，兵马强悍，进可以攻，退利于守，我们要充分利用自己有利的条件，乘机而进。"

穆公听了，觉得百里奚确是个不可多得的人才，就封他为上卿，治理国事。谁知百里奚连连摆手说："大王，臣有个朋友叫蹇叔，他的才能远远胜过我，请大王封他为上卿吧！"

秦穆公一听还有比百里奚更能干的人，连忙派使者带着重金，到蹇叔隐居的地方请他出山。

上卿 古代官名。春秋时，周朝及诸侯国都有卿，是高级长官，分为上卿、中卿、下卿3级。战国时作为爵位的称谓，一般授予劳苦功高的大臣或贵族。相当于丞相的位置，并且得到王侯、皇帝的青睐。

■ 蹇叔画像

将军 春秋时代以卿统军，故称卿为将军；一军之帅称将军。此皆非正式官名。到战国时代始为正式官名，而卿仍称将军。汉置大将军、骠骑将军，位次丞相；车骑将军、卫将军、前后左右将军，位次上卿。西汉还有"中将军"。自唐以后，上将军、大将军、将军，或为环卫官，或为武散官。

蹇叔为了让自己的好友百里奚能安心地留在秦国佐政，便随着使者来到了秦国。

秦穆公高兴极了，他对蹇叔说："百里奚多次对我说到你的才能，我很想听听你的意见。"

蹇叔说："德义是根本，刑威只能补不足。国家有德无威，国势不张；有威无德，民心不服。必须德威互用，才是立国之道。"

穆公问："敢问称霸之道如何？"

蹇叔说："称霸诸侯，信义为先。必须力戒贪小、忿争、急躁之心。还得明辨形势，分别缓急。"

穆公又问："秦国可以争霸中原吗？"

蹇叔说："齐桓公年将七十，霸业已衰。秦国地处西方，应先平定戎狄，解除后顾之忧，然后养兵蓄锐等待中原变化，即不难代替齐国成为霸主。"

秦穆公被蹇叔的一番话说得心服口服，心花怒放，于是封百里奚为左庶长，蹇叔为右庶长，称"二相"。

由于百里奚是用5张公羊皮赎回来的，所以人称其为"五羖大夫"。

百里奚又向秦穆公推荐了蹇叔的儿子西乞术、白乙丙。没多久，百里奚的儿子孟明视也投奔到秦国来，被秦穆公拜为将军。

这些谋臣、武士，辅佐穆公，使秦国兵强马壮。

公元前628年冬，晋文公死。秦穆公便想借此机会打败晋国，谋求霸业。他命孟明视为大将，西乞术和白乙丙为副将去打晋国。结果秦军大败，孟明视、西乞术和白乙丙3员大将都成了俘虏。

公元前626年，秦穆公又派孟明视等带兵东向，与晋军战于彭衙，秦军再次失败。秦东进的路被晋牢牢地扼住，只得转而向西发展。

公元前624年，秦穆公亲自率兵讨伐晋国，渡过黄河以后，将渡船全部焚毁，表示誓死克敌的决心。秦军夺得王官和郊。晋军不敢出战，秦军从茅津渡过黄河，到南岸崤地，在当年的战场为战死的将士堆土树立标记，然后回国。

公元前623年，秦军出征西戎，以迅雷不及掩耳之势，包围了绵诸，在酒樽之下活捉了绵诸王。秦穆公乘胜前进，多个戎狄小国先后归服了秦国。

秦国辟地千里，国界南至秦岭，西达狄道，北至朐衍戎，东到黄河。周襄王派遣召公带了金鼓送给秦穆公，以表示祝贺。

公元前621年，秦穆公死，安葬于雍。其太子罃代立，是为康公。

阅读链接

秦穆公曾外出王官，丢失了自己的骏马，亲自出去找，看见有人已经把自己的马杀掉了，正在一起吃肉。穆公对他们说："这是我的马呀。"

这些人都惊恐地站起来。

秦穆公说："我听说吃骏马的肉不喝酒是要死人的。"

于是按次序给他们酒喝。杀马的人都惭愧地走了。过了3年，晋国攻打秦穆公，把秦穆公围困住了。

以前那些杀马吃肉的人互相说："咱们可以用出力为君王拼死作战，来报答穆公给我们马肉吃好酒喝的恩德。"

于是冲破了包围，穆公终于解决困难，并打败晋国，抓了晋惠公回来。

秦始皇并六国而一统天下

公元前383年，秦将都城从位于秦国西部的雍迁到了秦国东部、地近河西地的栎阳。

公元前361年，秦献公寿终正寝，其子渠梁立，是为秦孝公位之初，对秦之衰痛心疾首，乃下求贤令："宾客群臣有能出奇计强秦者，吾且尊官，与之分土。"

秦始皇画像

卫国人商鞅听闻秦孝公的求贤令，便携带李悝的《法经》投奔秦国。他先以帝道、王道之术说孝公，孝公听后直打瞌睡；再以霸道之术说孝公，孝公听后改变态度但没有重用商鞅；最后畅谈富国强兵之策，孝公听后大喜，畅谈几日仍毫无倦意。

在商鞅的劝说下，秦孝公决定在

秦国国内进行变法，但变法遭到以甘龙、杜挚为代表的守旧派的反对，双方发生激烈的争论。

变法之争结束后，秦孝公于公元前359年命商鞅在秦国国内颁布《垦草令》，作为全面变法的序幕。主要内容有刺激农业生产、抑制商业发展、重塑社会价值观，提高农业的社会认知度、削弱贵族、官吏的特权，让国内贵族加入农业生产中、实行统一的税租制度以及其他措施。

《垦草令》在秦国成功实施后，秦孝公于前356年任命商鞅为左庶长，在秦国国内实行第一次变法。主要内容为改革户籍制度，实行什伍连坐法，明令军法，奖励军功，废除世卿世禄制度，建立20等军功爵制，奖励耕织，重农抑商，严惩私斗，改法为律，制定秦律和推行小家庭制。

■商鞅画像

咸阳位于关中平原中部，北依高原，南临渭河，顺渭河而下可直入黄河，终南山与渭河之间可直通函谷关。

为便于向函谷关以东发展，秦孝公于公元前350年命商鞅征调士卒，按照鲁国、卫国的国都规模修筑冀阙宫廷，营造新都，并于次年将国都从栎阳迁至咸阳，同时命商鞅在秦国国内进行第二次变法。经过两

《法经》 是我国历史上第一部比较系统的封建成文法典，但它并不是我国历史上第一部成文法典，在《法经》之前，已经颁布了很多法典，只是不太完善。《法经》成为以后历代法典的蓝本，它的制定者是战国时期著名的改革家李悝。

次变法后的秦国国力强大，百姓家家富裕充足。

公元前338年，秦孝公死，太子驷立；公元前325年，称王，即秦惠文王。秦军联韩魏攻打齐楚，败义渠国，吞并巴蜀。

秦惠文王死后，即位者为秦武王。秦武王虽然也颇有抱负，但即位3年就因好勇逞能而意外死亡。秦武王的异母弟嬴稷立，为秦昭襄王。之后为秦孝文王、秦庄襄王。

■ 秦始皇塑像

公元前247年，秦庄襄王驾崩，13岁的嬴政被立为秦王。

经过多年的苦心经营，尤其是经过秦孝公变法和秦惠文王对六国合纵的严厉打击，秦国已经稳居"战国七雄"中的首强地位。

公元前238年，嬴政在继承王位的第八年即开始亲政，开始了统一六国的事业。

为了加快统一步伐，嬴政在清除国内敌对势力的同时，发扬先王雄风，礼贤下士，网罗人才，重新收纳文武骨干20余人。在嬴政手下，有一批很有才干的文臣武将，文臣有谋士李斯和尉缭，武将则有蒙恬、蒙武、王翦和王贲。

在战略上，嬴政继续奉行先王"远交近攻"的战略，同时又采纳李斯等人的策略，重金收买六国权

秦惠文王（前356年—前311年），本名嬴驷，秦孝公之子。秦国在秦惠文王时是一个大发展时期，不仅打通了中原通道，而且夺取了魏国的河西郡和上郡，攻灭了巴蜀，占领了汉中，使秦国的领土面积骤然扩大了数倍。

臣，离间其君臣关系。

秦嬴政统一六国的战略步骤可以概括为3个方面：一是笼络燕齐；二是稳住楚魏；三是先消灭韩赵，再统一全国。在这种战略方针的指导下，嬴政用了10年时间消灭了战国六雄。

一统天下的嬴政，以为过去的这些称号都不足以显示自己的尊崇，于是下令大臣议称号。经过一番议论，丞相王绾、御史大夫冯劫、廷尉李斯等人认为，秦王政"兴义兵，诛残贼，平定天下"，功绩"自上古以来未尝有，五帝所不及"。

他们援引传统的尊称，说"古有天皇，有地皇，有泰皇，泰皇最贵"，建议秦王政采用"泰皇"头衔。然而，秦始皇对此并不满意。

他只采用一个"皇"字，因有"三皇五帝"而在其下加一"帝"字，创造出"皇帝"这个新头衔授予自己。从此以后，"皇帝"就成为我国封建社会最高统治者的称谓。

为了有效地管理国家，秦始皇汲取战国时期设置官职的具体经验，建立一套相当完整的中央集权制度和政权机构。

中央设丞相、太尉、御史大夫。丞相有左右二员，是百官之首，

■ 徐福进谏秦始皇塑像

古朴秦川

三秦文化特色与形态

■ 秦始皇出游场景

御史大夫 古代官名。秦代始置，负责监察百官，代表皇帝接受百官奏事，管理国家重要图册、典籍，代朝廷起草诏命文书等。西汉沿置，御史大夫与丞相、太尉合称三公，秩中二千石。晋以后多不置御史大夫。唐复置，专掌监察执法。明洪武中改为都察院，御史大夫之官遂废。

掌政事。太尉掌军事，不常置。御史大夫是丞相的副贰，掌图籍秘书，监察百官。

丞相、太尉、御史大夫以下，是分掌具体政务的诸卿，其中有掌宫殿掖门户的郎中令，掌宫门卫屯兵的卫尉，掌京畿警卫的中尉，掌刑辟的廷尉，掌谷货的治粟内史，掌山海池泽之税和官府手工业制造以供应皇室的少府，掌治宫室的将作少府，掌国内民族事务和外事的典客，掌宗庙礼仪的奉常，掌皇室属籍的宗正，掌舆马的太仆，等等。丞相、太尉、御史大夫与诸卿议论政务，皇帝作裁决。

秦始皇灭六国后，采纳李斯的建议，废除分封制，改行郡县制。地方行政机构分郡、县两级。郡县主要官吏由中央任免。郡设守、尉、监。郡守掌治其郡。郡尉辅佐郡守，并典兵事。郡监掌监察事宜。秦始皇把全国分成36郡，以后又陆续增设至41郡。

战国时期，各国的度量衡制度和货币制度很不一致。秦统一后，规定货币分金和铜两种：黄金称上币，以镒为单位；铜钱称下币，统一为圆形方孔，以半两为单位。

金币主要供皇帝赏赐，铜币才是主要的流通媒介。而珠玉、龟贝、银锡之属为器饰宝藏，不为币。同时，秦始皇以原秦国的度、量、衡为单位标准，淘汰与此不合的制度。

从公元前222年开始，秦始皇开始大幅修筑以国都咸阳为中心，向四面八方延伸出去的驰道，并实行"车同轨"，均宽50步。

除秦直道和秦栈道外，大多在秦故地与六国旧道以及在秦征伐六国时修建的道路基础上拓建而成。著名的驰道还包括上郡道、临晋道、东方道、武关道及西方道。

秦统一中原后，秦始皇下令李斯等人进行文字的整理、统一工作。

李斯以战国时候秦人通用的大篆为基础，汲取齐鲁等地通行的蝌蚪文笔画简省的优

秦栈道 横越过秦国的要地与四川盆地之间的秦岭，在其山壁上凿洞、穿木或石条并铺上木板以作为军队行走的道路。栈道的长度曾达数百千米。其分布在秦岭、巴山、岷山之间。最初用于攻打巴地和蜀国时运粮。

■李斯（前280年—前208年），又名李通古。生于战国末年楚国上蔡，即今河南省上蔡西南。秦朝丞相，著名的政治家、文学家和书法家。因其政治主张的实施对我国和世界产生了深远的影响，奠定了我国2000多年政治制度的基本格局，被世人尊称为"千古一相"。

点，创造出一种形体匀圆齐整、笔画简略的新文字，称"秦篆"，又称"小篆"，作为官方规范文字，同时废除其他异体字。

此外，一位叫程邈的衙吏因犯罪被关进云阳的监狱，在坐牢的10年时间里，他对当时字体的演变中已出现的一种变化进行了总结。

此举受到秦始皇的赏识，遂将他释放，还提升为御史，命其"定书"，制定出一种新字体，这便是"隶书"。隶书打破了古体汉字的传统，奠定了楷书的基础，提高了书写效率。

秦始皇下令统一和简化文字，是对我国古代文字发展、演变做了一次总结，也是一次文字改革，他对我国文化的发展起了重要作用。

此外，秦始皇对外北击匈奴，南征百越，修筑万里长城，把我国推向了大一统时代，为建立专制主义中央集权制度开创了新局面，奠定了我国2000余年政治制度基本格局。他被明代思想家李贽誉为"千古一帝"。

阅读链接

秦始皇建立了一统帝国之后，嫌咸阳宫狭小简陋，决定在丰镐之间建帝王之都。阿房宫已建成的部分有宫城环卫，俗称"阿城"。

"阿城"的北阙以磁石为门，各地的少数民族、四方使者前来朝觐时，如果有人暗穿铁甲，怀藏利刃，进门时便会被发现，故磁石门又被称为"却胡门"。

阿房宫的前殿规模宏大，东西500步，南北约167米，上可以坐万人，下可建五丈旗。周驰为阁道，自殿下直抵南山，表南山之巅以为阙。

大殿前分列12个铜人像，各高10米、重120吨，背后铸有相同的铭文："皇帝二十六年，初兼天下，改诸侯为郡县，一法度，同度量。"铭文为将军蒙恬拟定，丞相李斯用小篆所书。

汉武帝开创"武昭宣盛世"

公元前210年7月，秦始皇巡游途中病死于沙丘。其子胡亥即位，是为秦二世。

公元前209年7月，陈胜、吴广在大泽乡起义；9月，刘邦、项羽分别在沛县和吴起义。公元前207年10月，刘邦率军取道武关、蓝田，到达霸上，子婴投降，秦朝灭亡。

公元前206年，在巨鹿歼灭了秦军主力的项羽挥师入关中，准备进攻先入关中的刘邦。刘邦自知不是项羽的对手，听从张良的建议，亲赴鸿

■汉高祖刘邦

门，卑词求好，挫败了项羽与部下范增席间杀之的预谋，全身而遁。

项羽将刘邦安排到南郑做汉王，管理巴、蜀、汉中之地。为了防止刘邦东进，又把陕西关中和陕北地区分封给3名故秦降将：立章邯为雍王，辖咸阳以西地区，都废丘；立司马欣为塞王，辖咸阳以东地区，都栎阳；立董翳为翟王，辖陕北地区，都高奴。

这3位王统称"三秦王"，这就是"三秦"名称的由来。陕西代称"三秦"便是沿此而得名。

公元前206年8月，汉王刘邦军偷渡陈仓，袭击关中，章邯自杀，司马欣、董翳投降，陕西遂为刘邦所占。公元前202年，楚汉之争以项羽失败而告终。

公元前202年2月，刘邦在山东定陶汜水之阳举行登基大典，定国号为汉，史称西汉。

之后，汉高祖刘邦接受娄敬、张良的建议将国都迁往关中。先都于栎阳，公元前200年，从栎阳迁都长安，又称西汉京师。

汉高祖死后，政权渐渐被高祖皇后吕太后所掌握，掌权长达8年。

刺史 古代官名，汉初时，文帝以御史多失职，命丞相另派人员出刺各地，不常置。公元前106年开始设置。刺史巡行郡县，分全国为13部，各置部刺史一人，后通称刺史。刺史制度在西汉中后期得到进一步发展，对维护皇权，澄清吏治，促使昭宣中兴局面的形成起着积极的作用。

吕后死后，周勃和陈平夺禁军权，迎立代王恒即帝位，是为汉文帝。汉文帝之后为汉景帝。景帝死后，太子刘彻即位，即一代雄主汉武帝。

在继续推行景帝时各项政策的同时，刘彻采取了一系列强化专制主义中央集权的措施。在政治方面，首先颁行"推恩令"，使诸侯王多分封子弟为侯，使王国封地被分割，以进一步削弱诸侯王国势力；其次建立中朝削弱相权，巩固了皇权的神圣地位；再设置13部刺史，加强了对地方的控制。

在军事方面，主要是集中兵权，充实了中央的军事力量。

在经济方面，整顿财政，颁布"算缗""告缗"令，征收商人资产税，打击富商大贾；又采取桑弘羊建议，将冶铁、煮盐收归官营，禁止郡国铸钱；设置平准官、均输官，由官府经营运输和贸易，大大增强了国家经济实力。同时兴修水利，移民西北屯田，实行"代田法"，有利于农业生产的发展。

在思想方面，采纳董仲舒的建议，罢黜百家，独尊儒术，使儒学成为了我国古代社会的统治思想，对后世我国政治、社会、文化产生了深远的影响。

对外，刘彻采取软硬兼施的手段，对匈奴一方面派卫青、霍去病征伐，解

董仲舒（前179年—前104年），西汉思想家、儒学家，西汉时期著名的唯心主义哲学家和今文经学大师。汉景帝时任博士，讲授《公羊春秋》。他把儒家的伦理思想概括为"三纲五常"，汉武帝采纳了董仲舒的建议，从此儒学便开始成为了官方哲学。

049

人文性格

三秦风骨

■ 董仲舒建言汉武帝场景

除匈奴的威胁，保障了北方经济文化的发展。另一方面消灭了夜郎、南越政权，在西南先后建立了7个郡，并使两广地区自秦朝后重归西汉版图。

同时他派张骞去西域，打通了丝绸之路，加强了对西域的统治，并发展了中西经济文化的交流。在东方，他派兵灭卫氏朝鲜，置为乐浪、玄菟、临屯、真番4郡。

刘彻开疆拓土，建立了"北绝大漠、西逾葱岭、东至朝鲜、南到大海"的广袤疆域。

汉武帝还非常注重人才的开发，他确立了察举制，是我国有系统选拔人才制度之滥觞，对后世影响很大。

刘彻死后，刘弗陵、刘病已继承遗志，他们在位时，汉国的经济最繁荣，政治最稳固，文化最昌盛，科技最发达，疆域最辽阔，综合国力世界第一，史称"武昭宣盛世"。

阅读链接

西汉京师长安，位于西安城西北10千米处，是先有宫城，后有外郭。

公元前202年，汉在原秦兴乐宫的基础上建了长乐宫。公元前200年，又始修未央宫，两年后竣工。长安城的修建，是从公元前194年正式开始的，于公元前190年9月基本完工。

汉长安城周长65里，周围共有12个城门，东边有宣平门、清明门、霸城门，南边为复盎门、安门、西安门，西边为章城门、直城门、雍门，北边为横门、厨城门、洛城门。城外有壕水环绕，宽3丈，深2丈。

由于城墙建于长乐、未央两宫之后，走向随宫殿建筑位置而变化。除东城墙为直线外，南、西、北处都有曲折，整个城呈一个不规则的方形，南像南斗星，北像北斗星，因此有"斗城"的称号。

司马迁忍辱负重著《史记》

　　司马迁，字子长，左冯诩夏阳人。他的父亲司马谈是一个知识渊博的学者，对于天文、历史、哲学都深有研究，所著《论六家要旨》一文，对先秦各家主要学说作了简要而具有独特眼光的评论。这对司马迁的早期教育无疑有重要意义。

■司马迁像

　　司马迁将近10岁时，就跟随父亲来到当时的国都长安，学习经书和史学。在都城长安，司马迁曾直接聆听著名学者、经学大师孔安国、董仲舒等人讲经，跟孔安国学习古文《尚书》，听董仲舒讲《公羊春秋》，谙熟了当

《太初历》 前104年至85年实施的历法，是我国第一部有完整文字记载的历法。《太初历》将原来以农历十月为岁首改为以农历的正月为岁首；以没有中气的月份为闰月；正式把二十四节气定于历法；明确了二十四节气的天文位置。

时的古文经学和今文经学理论，受益匪浅。此外，他还借助父亲太史令这样一个便利条件，阅读了大量古籍、经典、百家论著和皇家档案。

20岁那年，司马迁开始广泛的漫游。这一次游历到达了湖南、江西、浙江、江苏、山东、河南等地，寻访了传说中大禹的遗迹和屈原、韩信、孔子等历史人物活动的旧址。

漫游回来以后，仕为郎中，又奉使到过四川、云南一带。以后因侍从武帝巡狩封禅而游历了更多的地方。

■ 司马迁塑像

司马迁的几次游览考察，足迹几乎遍及全国各地。漫游开拓了他的胸襟和眼界，使他接触到各个阶层各种人物的生活，并且搜集到许多历史人物的资料和传说。

公元前110年，司马谈去世。临终前，把著述历史的未竟之业作为一项遗愿嘱托给司马迁。公元前108年，司马迁继任太史令。

此后，他孜孜不倦地阅读国家藏书，研究各种史料，潜心于著史，并参与了《太初历》的制定工作。

公元前99年，正当司马迁全身心地撰写《史记》之时，却遇上了飞来横祸。

这年夏天，武帝派自己宠妃李夫

人的哥哥、二师将军李广利领兵讨伐匈奴，另派李广的孙子、别将李陵随从李广利押运辎重。

■ 司马迁著史壁画

李陵带领步卒5000人出居延，孤军深入浚稽山，与单于遭遇。匈奴以80000骑兵围攻李陵。经过8昼夜的战斗，李陵斩杀了10000多匈奴，但由于他得不到主力部队的后援，结果弹尽粮绝，不幸被俘。

李陵兵败的消息传到长安后，武帝本希望他能战死，后听说他投了降，愤怒万分。满朝文武官员察言观色，趋炎附势，几天前还纷纷称赞李陵的英勇，现在却附和汉武帝，指责李陵的罪过。

汉武帝询问太史令司马迁的看法，司马迁一方面安慰武帝，另一方面也痛恨那些见风使舵的大臣，尽力为李陵辩护。

他认为李陵平时孝顺母亲，对朋友讲信义，对人谦虚礼让，对士兵有恩信，常常奋不顾身地急国家之

李广 西汉时期的名将。公元前166从军击匈奴，因功为中郎。景帝时，先后任北部边城七郡太守。武帝即位，召为中央宫卫尉。公元前129年，任骁骑将军，领万余骑出雁门击匈奴，因众寡悬殊负伤被俘，后佯死，于途中趁隙跃起，奔马返回。匈奴畏服，称之为飞将军。

■ 司马迁狱中著史

《周易》是我国传统思想文化中自然哲学与伦理实践的根源，对我国文化产生了巨大的影响。是中华人民智慧与文化的结晶，被誉为"群经之首，大道之源"。在古代是帝王之学，政治家、军事家、商家的必修之术。

所急，有国士的风范。

司马迁痛恨那些只知道保全自己和家人的大臣，他们如今见李陵出兵不利，就一味地落井下石，夸大其罪名。

他对汉武帝说："李陵只率领5000步兵，深入匈奴，孤军奋战，杀伤了许多敌人，立下了赫赫功劳。在救兵不至、弹尽粮绝、走投无路的情况下，仍然奋勇杀敌，就是古代名将也不过如此。李陵自己虽陷于失败之中，而他杀伤匈奴之多，也足以显赫于天下了。他之所以不死，而是投降了匈奴，一定是想寻找适当的机会再报答汉室。"

司马迁的直言触怒了汉武帝，汉武帝认为他是在为李陵辩护，讽刺劳师远征、战败而归的李广利，于是下令将司马迁打入大牢。不久，司马迁因此事受到"腐刑"的惩罚。

对于司马迁来说，这是人生的奇耻大辱，远比死刑更为痛苦。面对最残酷的刑罚，司马迁痛苦到了极点，他一度想到自杀，但是他又想：从前周文王被关在羑里，写了一部《周易》；孔子周游列国的路上被困在陈蔡，后来编了一部《春秋》；屈原遭到放逐，写了《离骚》；左丘明眼睛瞎了，写了《国语》；孙膑被剜掉膝盖骨，写了《兵法》。还有《诗经》300篇，大都是古人在心情忧愤的情况下写的。这些著名的著作，都是作者心里有郁闷，或者理想行不通的时候，才写出来的。我为什么不利用这个时候把这部史书写好呢？

于是，出狱后，司马迁改任中书令，发愤撰写史书，亦欲"究天人之际，通古今之变，成一家之言"，完成我国第一部纪传体通史《史记》。

公元前91年，他用毕生精力和心血写成的《史记》这部不朽巨著终于问世了。

全书由本纪、表、书、世家、列传5种体例构成。"本纪"是用编年方式叙述历代君主或实际统治者的政绩，是全书的大纲；"表"是用表格形式分项列出各历史时期的大事，是全书叙事的补充和联络；"书"是天文、历法、水利、经济等各类专门事项的记载。"世家"是世袭家族以及孔子、陈胜等历代祭祀不绝的人物的传记；"列传"为本纪、世家以外各

■ 《史记》

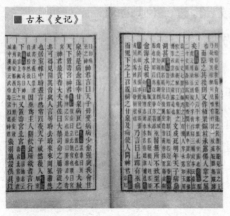
■ 古本《史记》

种人物的传记，还有一部分记载我国边缘地带各民族的历史。

《史记》是我国第一部纪传体通史。书中记载了从传说中的黄帝时代开始，一直到汉武帝太始二年，即公元前95年为止，共3000多年的历史。司马迁独创了我国历史著作的纪传体，开创了史学方法上全新的体例。

司马迁以个人传、纪为形式，以社会为中心记载历史，为后人展示了一部规模宏大的社会变迁史。无论在历史上还是文学上，司马迁都取得了光辉的成就。

阅读链接

司马迁墓与祠，在陕西韩城城南芝川镇南门外，位于黄河西岸的梁山东麓。司马迁祠墓始建于310年，历代曾数次重修和扩建，占地10万余平方米。

主体建筑有寝宫、献殿、祠门、山门、牌坊等。祠院周围是砖墙，院内一前一后分别为献殿和寝宫。献殿正中挂一匾额，上书"文史祖宗"金色大字。内设祭桌，上置祭器，每逢司马迁纪念日，举行祭礼。

寝宫正中央有司马迁坐像一尊，泥塑着彩，高达4米。塑像面目祥和，长须飘洒，显得正气凛然。献殿内有石碑60多通，上刻宋、金、元、明、清各代名人凭吊诗文。

祠院后面是最高的平台，中央便是司马迁衣冠冢，墓呈圆形，高2米余，周围用青砖砌成，砖墙有砖雕八卦图案和花卉图案16幅。墓顶有古柏一棵，树分5杈，如盘龙护顶。

张骞到西域开通丝绸之路

张骞蜡像

西汉建国时，北方即面临一个强大的游牧民族——匈奴的威胁。春秋战国以后，匈奴跨进了阶级社会的门槛，各部分别形成了奴隶制小国，其国王称"单于"。匈奴贵族仍寇边不已。

汉武帝时，由于文景之治，国力充沛，准备反击匈奴的侵扰。一个偶然的机会，汉武帝从匈奴俘虏口中了解到，大月氏与匈奴结有深仇大恨。

为了取得北击匈奴的胜利，汉武帝决定与大月氏建立联盟，从战略上斩去匈奴右臂，于是招募智勇

河西走廊 是我国内地通往新疆的要道。东起乌鞘岭，西至古玉门关，南北介于南山和北山间，长约900千米，宽数千米至近百千米，为西北至东南走向的狭长平地，形如走廊，称甘肃走廊。因位于黄河以西，又称河西走廊。

有才干的人去西域谈和。

公元前138年，汉中郡城固人张骞毛遂自荐，率领100多人，从陇西出发。一个归顺的"胡人"、堂邑氏的家奴堂邑父，自愿充当张骞的向导和翻译。

他们西行进入河西走廊。这一地区自月氏人西迁后，已完全为匈奴人所控制。张骞一行匆匆穿过河西走廊时，不幸碰上匈奴的骑兵队，全部被抓获。匈奴的右部诸王将立即把张骞等人押送到匈奴王廷，见当时的军臣单于。

军臣单于得知张骞欲要去月氏后，对张骞说："月氏在吾北，汉何以得往？使吾欲使越，汉肯听我乎？"张骞一行于是被扣留和软禁起来。

匈奴单于为软化、拉拢张骞，打消其去月氏的念头，进行了种种威逼利诱，还给张骞娶了匈奴的女子为妻，生了孩子，但他"不辱君命""持汉节不失"，始终没有忘记汉武帝交给自己的神圣使命。张骞等人在匈奴一直留居了10年之久。

一天，张骞趁匈奴人的不备，果断地离开妻儿，

■ 张骞去西域路线图

►张骞第一次通西域往返路线
►张骞第二次通西域往返路线

公元前138年，西汉使者张骞为寻找盟友抗击匈奴，从长安出发了前往西域的征程，他的足迹抵大宛、大月氏、大夏、康居诸
元朔三年（前126年），张骞回国，向汉武帝详细描绘了西域

■ 张骞西行图

带领其随从，逃出了匈奴王廷。这种逃亡是十分危险和艰难的。幸运的是，在匈奴的10年留居，使张骞等人详细了解了通往西域的道路，并学会了匈奴人的语言，他们穿上胡服，很难被匈奴人查获。因而他们较顺利地穿过了匈奴人的控制区。

但在留居匈奴期间，西域的形势已发生了变化。张骞了解到这一情况。他们经车师后没有向西北伊犁河流域进发，而是折向西南，路上经过了数十日的跋涉。进入焉耆，再溯塔里木河西行，过库车、疏勒等地，翻越葱岭，直达大宛。

这是一次极为艰苦的行军。大戈壁滩上，飞沙走石，热浪滚滚；葱岭高如屋脊，冰雪皑皑，寒风刺骨。沿途人烟稀少，水源奇缺。加之匆匆出逃，物资准备又不足。

张骞一行，风餐露宿，备尝艰辛。干粮吃尽了，

堂邑父 是我国汉朝时的西域胡人，本名甘父，另说姓堂邑名甘父，亦说字胡奴甘父，为堂邑县一贵族家奴仆，所以又称堂邑父。战争中被俘虏，被释放后加入汉军，是优秀的射手。前138年，随张骞去西域，做助手和向导，归国后汉武帝封他为"奉使君"。

古朴秦川

三秦文化特色与形态

■ 张骞在西域图

昆仑山 西起帕米尔高原东部，横贯新疆、西藏间，伸延至青海境内。昆仑山在中华民族的文化史上具有"万山之祖"的显赫地位，古人称昆仑山为中华"龙脉之祖"。古代神话认为昆仑山中居住着一位神仙"西王母"，是道教正神，与东王公分掌男女修仙登引之事。

就靠堂邑父射杀禽兽聊以充饥。不少随从或因饥渴倒毙途中，或葬身黄沙、冰窟。

张骞到大宛后，向大宛王说明了自己要去月氏的使命和沿途种种遭遇，希望大宛能派人相送，并表示今后如能返回汉朝，一定奏明汉皇，送他很多财物，重重酬谢。

大宛王本来早就风闻东方汉朝的富庶，很想与汉朝通使往来，但苦于匈奴的中梗阻碍，未能实现。张骞的意外到来，使他非常高兴。

张骞的一席话，更使他动心。于是满口答应了张骞的要求，热情款待后，派了向导和译员，将张骞等人送到康居。康居王又遣人将他们送至大月氏。

不料，这时的大月氏人，由于新的国土十分肥沃，物产丰富，并且距匈奴和乌孙很远，外敌寇扰的危险已大大减少，改变了态度。

当张骞向他们提出建议时，他们已无意向匈奴复仇了。加之，他们又以为朝廷离月氏太远，如果攻击匈奴，遇到危险时恐难以相助。张骞等人在月氏逗留了一年多，但始终未能说服月氏人与汉朝联盟，夹击匈奴。在此期间，张骞曾越过妫水南下，抵达大夏的蓝氏城。

公元前128年，张骞一行动身返国。归途中，张骞为避开匈奴控制区，改变了行军路线。计划通过青海羌人地区，以免匈奴人的阻留。

于是重越葱岭后，他们不走来时沿塔里木盆地北部的"北道"，而改行沿塔里木盆地南部，循昆仑山北麓的"南道"，从莎车，经于阗、鄯善，进入羌人地区。但出乎意料，羌人也已沦为匈奴的附庸，张骞等人再次被匈奴骑兵所俘，又扣留了一年多。

公元前126年初，军臣单于死了，其弟左谷蠡王伊稚斜自立为单于，进攻军臣单于的太子于单。于单失败逃汉。张骞便趁匈奴内乱之机，带着自己的匈奴族妻子和堂邑父，逃回长安。

这是张骞第一次去西域。出发时是100多人，回来时仅剩下张骞和堂邑父二人。

■ 张骞塑像

　　张骞第一次去西域，既是一次极为艰险的旅行，同时也是一次卓有成效的科学考察。张骞第一次对西域进行了实地的调查研究。

　　他不仅亲自访问了位于新疆的各地方和中亚的大宛、康居、大月氏和大夏诸地，而且从这些地方又初步了解到乌孙、奄蔡、安息、条支、天竺等地的许多情况。

　　回长安后，张骞将其见闻，向汉武帝做了详细报告，对葱岭东西、中亚、西亚，以至安息、印度诸国的位置、特产、人口、城市、兵力等都做了说明。这个报告的基本内容为司马迁在《史记·大宛传》中保存下来。

　　汉武帝对张骞这次去西域的成果，非常满意，特封张骞为太中大夫，授堂邑父为"奉使君"，以表彰他们的功绩。

　　公元前119年，张骞再次去西域，他率领众多的副将、随从，带万头牛羊，大量金银和丝绸，到达乌孙，并派副使到大宛、康居、大月

■ 张骞去西域壁画

氏、大夏、安息、身毒等西亚和南亚国家。随后，各地纷纷派人来到长安，史无前例的"丝绸之路"打通了。公元前115年，张骞回到长安，后拜为大行令。

汉通西域，虽然起初是出于军事目的，但西域开通以后，它的影响，远远超出了军事范围。从西汉的敦煌，出玉门关，进入新疆，再从新疆连接中亚细亚的一条横贯东西的通道，再次畅通无阻。这条通道，就是后世闻名的"丝绸之路"。

"丝绸之路"把西汉同中亚许多国家联系起来，促进了它们之间的经济和文化的交流。由于我国历代封建中央政府都称边疆少数民族为"夷"，所以张骞去西域成为汉夷之间的第一次文化交融。

西域的核桃、葡萄、石榴、蚕豆、苜蓿等十几种

玉门关 始置于汉武帝开通西域道路、设置河西四郡之时，因西域输入玉石时取道于此而得名。玉门关与另一重要关隘阳关，均位于敦煌郡龙勒县境，皆为都尉治所，为重要的屯兵之地。当时中原与西域交通莫不取道两关，曾是汉代时期重要的军事关隘和丝路交通要道。

植物，逐渐在中原栽培。龟兹的乐曲和胡琴等乐器，丰富了汉族人民的文化生活。

汉军在鄯善、车师等地屯田时使用地下相通的穿井术，习称"坎儿井"，在当地逐渐推广。此外，大宛的汗血马在汉代非常著名，名为"天马"，"使者相望于道以求之"。

那时大宛以西至安息国都不产丝，也不懂得铸铁器，后来汉的使臣和散兵把这些技术传了过去。蚕丝和冶铁术的西传，对促进人类文明的发展贡献甚大。

张骞两次去西域，开辟了丝绸之路，打开了我国与中亚、西亚、南亚及欧洲等国交往的大门，构建了汉与西方国家友好交往的桥梁，同时也促进了东西方文化、经济的交流和发展，对世界的文明与进步注入了新的活力。

阅读链接

在张骞第一次去西域返回长安后，汉朝抗击匈奴侵扰的战争，已进入了一个新的阶段。

公元前123年，大将军卫青两次出兵进攻匈奴。汉武帝命张骞任校尉，从大将军出击漠北。当时，汉朝军队行进于千里塞外，在茫茫黄沙和无际草原中，给养相当困难。

张骞发挥他熟悉匈奴军队特点，具有沙漠行军经验和丰富地理知识的优势，为汉朝军队做向导，指点行军路线和扎营布阵的方案。

由于他"知水草处，军得以不乏"，保证了战争的胜利。事后论功行赏，汉武帝封张骞为"博望侯"，封地，即河南方城博望镇。

灿烂文化

　　三秦地区，物产丰富、人杰地灵。独特的地域环境和深厚的文化积淀，使得三秦大地在绘画、剪纸、雕刻、工艺、建筑等方面，呈现出独具特色的不同品位。

　　如举世无双的秦兵马俑、宏大精美的大佛寺石窟、堪称北方翘楚的耀州窑、不尽相同的陕西民居、精美绝伦的蓝田玉雕、随俗渐进的木版年画……

古朴浑厚的西周青铜器

青铜器主要是指先秦时期用铜锡合金制作的器物，含铅、铝等多种金属元素。按用途分包括炊器、食器、酒器、水器、乐器、车马饰、铜镜、带钩、兵器、工具和度量衡器等。

青铜器流行于新石器时代晚期至秦汉时期，以商周时代的器物最为精美，西周是青铜器发展的鼎盛时期。

夏、商、西周三代中，周氏族发源于陕西的岐山一带，随着周氏部族的不断发展壮大和周王朝的建立，青铜器工艺中心也由原来的殷商都城一带转移至西周建都的陕西关中地区，因此，在陕西发现的青铜器中，以西周时期的青铜器物数量最多、类型最全、历史文化价值最大。

■ 西周青铜器铭文

陕西出土的西周青铜器造型浑厚、纹饰古朴、铭文丰富，涵盖了西周青铜器所有种类和形制。

在武、成、康、昭四王在位的大约70余年的西周早期，陕西出土的青铜器以炊煮器和酒水器为主，主要有利簋、夔龙纹簋、夌伯觯、矢伯鬲、禾子父癸爵、史迹角、伯方鼎、鱼季卣、伯甗、鈇卣、饕餮纹大鼎、外叔鼎、旟鼎等，其中利簋、鈇卣、饕餮纹大鼎和旟鼎是最具代表性的、西周早期的青铜器物。

■ 青铜器

出土于西安市临潼区零口镇的利簋和出土于泾阳县高家堡村的鈇卣在造型样式和纹样装饰上明显地带有商代后期青铜器的风格。它们的装饰花纹繁缛华美，浮雕的主体纹饰下布满繁密的底纹，具有庄重、威严、华丽和神秘的特色。

值得一提的是，利簋内底铸有铭文32字，这是前代青铜器中所少见的，也是西周前期青铜器物与商后期青铜器物最大的区别。

出土于陕西淳化县史家塬村的饕餮纹大鼎和出土于眉县杨家村的旟鼎，不仅是陕西青铜器中的精品，也是最能代表西周早期青铜器风格的器物。

饕餮纹大鼎鼎高1.22米，口径0.83米，重126千克，是我国所知西周铜鼎中最大、最重的珍品，其造

夔龙纹簋 出土于陕西扶风县上宋乡红卫村。侈口、束颈，鼓腹，腹下收，圈足外撇。腹两侧有对称的兽首耳，口沿下饰一圈夔龙纹，间以突出的涡纹，圈足外饰有两组两两相对的卷尾凤鸟纹。外底有菱形网格纹的浇铸痕迹。

古朴秦川

三秦文化特色与形态

型宏伟，纹饰庄重神奇，是西周早期青铜器的典型代表作品。

铸造于西周康王时期的甗鼎，造型敦厚宏伟，纹饰精美。此鼎立耳深腹，平沿方唇，三柱足，口沿下饰浮雕状饕餮纹，地衬细雷纹。三足根部饰大饕餮面，双耳外侧各饰一条曲体上缘的夔龙。腹内壁铸有铭文28字，所铸铭文是研究周初土地制度的重要史料，具有珍贵的历史及艺术价值。

可见，西周早期青铜器的器类、器形和花纹大都是沿袭商代晚期的风格，花纹繁缛华美，器形庄重威严，给人以神秘的感觉。

西周早期青铜器与商代最大的区别表现在铭文铸造上，西周早期的青铜器铭文中开始出现长篇记事性的文字，铭文的内容、形式、数量甚至书体等方面取得的成就是前代所不能达到的。

经过商代前期几十年的经营发展，至穆王时代，西周青铜器的铸造呈现出新的变化。西周中期陕西出土的青铜器在数量上要多于西周前期，最能代表整个西周王朝青铜铸造业的水平。最具代表性的青铜器物有镂空豆、孟簋、双耳铜杯、散车父壶、几父壶、夔纹罍、师丞钟、

■ 西周五祀卫鼎

牛尊和五祀卫鼎等。

出土于岐山县黄家村的五祀卫鼎，在纹样装饰上放弃了青铜器纹样对称构图的规律，在其口沿下出现了抽象连续的窃曲纹。

出土于岐山贺家村的青铜牛樽，该樽为牛形，立姿，比例匀称。牛躯体浑圆，四肢体现得粗壮有力，舌伸出为流，尾上卷成鋬，身体中空，背开方口，口上置方盖，盖钮为立虎形象。

069

历史积淀

灿烂文化

虎形小巧，大头竖耳，身体后缩，作准备扑攫之态；器身满布云纹和夔龙纹，构图疏朗，给人以恢弘豪放的感觉，盖与器身用套环相连。牛的造型表现手法夸张，憨态十足，形象极为生动。该器的造型手法和结构样式是以前青铜器物中不曾有过的，也是不可比拟的。

■ 西周青铜甬钟

在古代青铜器中，乐器是一个重要的门类，西周中期的青铜钟师丞钟，属于甬钟。甬钟的出现是西周青铜器有别于前代的重要标志。

师丞钟体形硕大，是存世西周青铜钟中最大的一件，其征间和鼓部铸有铭文48字，记载着师丞为列祖幽叔，父德叔铸大林钟，用于祭祀祖先，祈求多福的内容。从中我们可以了解到当时人们对于祭祀的重

散车父壶 出土于扶风召陈村西周窖藏。通高0.41米，口长0.11米，宽0.14米。椭方体，贯耳垂腹，颈和盖缘饰凤鸟纹，腹饰垂鳞纹，圈足为波曲纹。口内壁铭文26字，记载散车父为母作器。

视，也可以想象敲打它时所发出的明亮声响。

可见，西周中期陕西出土的青铜器在各个方面呈现出了很大的变化，和西周早期陕西出土的青铜器形成了鲜明的对照。

中期的青铜器打破了商代以来青铜器的陈旧模式，开辟了西周青铜文化的新天地；在器物造型设计和纹饰结构方面有许多新的突破。

至西周晚期，陕西出土的青铜器数量最多、种类最全。青铜水器中的匜、壶，盛食器中的盘、簋、豆和炊煮器中的甗的数量都非常丰富，但是总的种类和样式比中期并没有大的变化，形制基本上是西周中期青铜器的延续。

西周晚期青铜器的纹样装饰比中期的较为简朴，造型趋于定型化和程式化，更加实用。能代表西周晚期青铜器风格的有它盘、多友鼎、柞钟、周生豆、中其父簋等。

出土于扶风县齐家村的它盘，是西周晚期青铜器中的精品。盘平沿、高附耳，腹部及耳面饰有重环纹，圈足饰以斜角夔纹，圈下4足，为受过刖刑的男子形象。该盘制作精良，是在重大祭祀活动中祭祀祖先或上天用的盛食器。

柞钟是西周晚期青铜器中的一大亮点。虽然该柞钟单个和西周中期的甬钟在形制上并没有大的变化，但此柞钟一组8枚，是迄今发现的西周编钟数量较多的一组，对于研究西周时期的乐器乐理和祭祀活动有着极为重要的历史价值。

最能代表西周晚期青铜器风格形制的是铸造于西周厉王时期的多友鼎。多友鼎形制俊伟，是西周晚期青铜铸造业

■ 西周中期青铜器双耳铜杯

的代表，该鼎高0.515米，腹径0.5米，重37千克，腹部饰有两道凸弦纹。此鼎出土时腹内底随有厚达0.2厘米的墨灰，腹内壁铸有铭文22行，278字，记载了厉王时期反击猃狁侵犯的一场战争，是陕西出土的青铜器中铭文最多、叙事最明了的鼎。

■ 西周晚期青铜器多友鼎

历史积淀

灿烂文化

多友鼎铸的铭文是重要的上古文献，对于研究匈奴史及当时社会的政治、经济、文化、军事和民族关系有着重要的科学价值。另外，此铭文结构凝练，字迹秀丽，是我国先秦时期书法艺术的重要篇章。

阅读链接

史墙盘出土于陕西省扶风县庄白村。通高16.2厘米，口径47.3厘米，深8.6厘米。是西周时期微氏家族中一位名叫墙的人，为纪念其先祖而作的铜盘，因制器者墙为史官而得此名。

此盘造型规整，纹饰精美，敞口，浅腹，圈足，腹外附双耳；腹部饰凤鸟纹，圈足部饰两端上下卷曲的云纹，全器纹饰以云雷纹衬地，显得清丽流畅。盘内底部刻有18行铭文，共284字，记述西周文、武、成、康、昭、穆六王的重要史迹以及制器者的家世。史墙盘为我们研究西周的历史、政治制度，包括社会经济等提供了重要的史料。

举世无双的秦皇陵兵马俑

　　秦始皇初即位，就开始在临潼东的骊山北麓营建陵寝。陵园工程修造了39年。直至秦始皇临死之际尚未竣工，二世皇帝胡亥即位后，接着又修建了一年多才基本完工。

　　秦始皇陵南依层层叠嶂、山林葱郁的骊山，北临逶迤曲转、似银蛇横卧在渭水之滨。陵园仿照秦国都城咸阳的布局建造，大体呈"回"字形。陵区分陵园区和从葬区两部分。陵园占地近8000平方米，建内、外城两重，封土呈四方锥形。

　　秦始皇陵的封土形成了三级阶梯，呈覆斗状，底部近似方形，底面积约25万平方米，高115米，但由于2000多年的风雨

■秦陵兵马俑一号坑

侵蚀破坏，后来封土底面积约为12万平方米，高度为 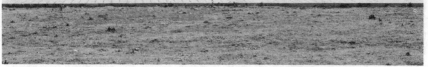 ■ 骊山秦始皇陵
87米。

陵园以封土堆为中心，四周陪葬分布众多，内涵
丰富、规模空前，闻名遐迩的兵马俑陪葬坑就位于陵
园东侧1500米处。

秦始皇陵兵马俑陪葬坑坐西向东，3坑呈"品"字
形排列。把它们分别定名为兵马俑一、二、三号坑。

一号坑平面呈长方形，东西长230米，宽62米，
深5米，总面积14260平方米，为坑道式土木建筑结
构，东西两端各有斜坡门道5个，坑道内有10至2.5米
宽的夯土隔墙，隔墙上架着粗大的横梁，再铺芦席、
细泥和填土。底部以青砖墁铺。

一号坑兵马俑按实战军阵排列。俑坑的东端是一
个长廊，站着3排面向东身着战袍的武士俑，每排70
个俑，共210个俑，手持弓弩，他们是一号坑军阵的

渭水 又称渭河，是黄河的最大支流。发源于甘肃定西渭源鸟鼠山，主要流经甘肃天水、陕西关中平原的宝鸡、咸阳、西安、渭南等地，至渭南潼关汇入黄河。渭河流域是中华民族人文初祖轩辕黄帝和神农炎帝的起源地。

■ 兵马俑二号坑

弩 是古代用来射箭的一种兵器。出现应不晚于商周时期，春秋时期弩成为一种常见的兵器。弩是一种装有臂的弓，主要由弩臂、弩弓、弓弦和弩机等部分组成。虽然弩的装填时间比弓长很多，但是它比弓的射程更远，杀伤力更强，命中率更高，对使用者的要求也比较低，是古代一种大威力的远距离杀伤武器。

前锋部队。

长廊南边有一排面向南的武士俑，是右翼；北边有一排面向北的武士俑，是左翼；西头有一列面向西的武士俑，是后卫。他们手执弓弩等远射兵器，担任整个军阵的警戒任务。

在10道隔墙隔开的11个过洞里排列着38路面向东的纵队，每路中间都排列有驷马战车。陶俑全部身披铠甲，手执长兵器。他们是一号坑的主力部队。

二号俑坑呈曲尺形，位于一号坑的东北侧和三号坑的东侧，东西长96米，南北宽为84米，总面积约为6000平方米。

坑内建筑与一号坑相同，但布阵更为复杂，兵种更为齐全，是3个坑中最为壮观的军阵。它是由骑兵、战车和步兵组成的。

二号坑有陶俑陶马1300多件，战车80余辆，青铜兵器数万件，其中将军俑、鞍马俑、跪姿射俑为首次发现。二号坑东、西两端各有4个斜坡门道，北边有两个斜坡门道，俑坑坐西面东，正门在东边。

二号坑内布局分为4个单元。第一单元，位于俑坑东端，四周长廊有立式弩兵60个俑，阵心由8路面东的160个蹲跪式弩兵俑组成。弩兵采取阵中张阵的编列，立、跪起伏轮番射击，以弥弩张缓慢之虞。

第二个单元位于二号俑坑的右侧，由64乘战车组成方阵。每列8乘，共有8列。车前驾有真马大小的陶马4匹。每车后"一"字排列兵俑3个，中为驭手拉马辔，另两个分别立于车左和车右，手持长柄兵器。

第三单元位于二号俑坑中部，由19辆战车、264个步兵俑和8个骑士俑组成长方形阵，共分3列。每匹马前立骑士俑一个，一手牵马缰，一手作拉弓状。每乘车后除3名车士俑外，还配有8个至36个步兵俑。

第四单元位于军阵左侧，108个骑士俑和180匹陶鞍马俑排成11列横队，组成长方形骑兵阵。其中第一三列为战车6辆。每匹马前立胡服骑士俑一个，右手牵马，左手拉弓。

■秦始皇陵的卒俑和马俑

■兵马俑三号坑

俑坑内的108个骑兵俑，在服饰装束及高度等方面都是严格模拟古代骑兵的战时形象。与步兵、车兵俑显然不同。

它们头戴圆形小帽，帽子两侧带扣系在颔下，身着紧袖、交领右衽双襟掩于胸前的上衣，下穿紧口连裆长裤，足蹬短靴，身披短而小的铠甲，肩上无披膊，手上无护手甲。

衣服具有短小轻巧的特色，铠甲显得简单而灵活。骑兵俑特殊的装束，也与骑兵的战术特点密切联系。

三号坑位于一号坑西端北侧，与二号坑东西相对，南距一号坑25米，东距二号坑120米，面积约为520平方米，整体呈"凹"字形，由南北厢房和车马房组成，车马房中有一辆驷马战车及4个兵马俑，三号坑共出土兵马俑68个。

从三号坑的内部布局看，应为一、二号坑的指挥部。三号坑是3个坑中唯一一个没有被大火焚烧过的，所以出土的陶俑身上的彩绘残存较多，颜色比较鲜艳。

春秋战国之前的战争，指挥将领往往要身先士卒，冲锋陷阵，所以他们常常要位于卒伍之前。春秋战国时期随着战争规模的增大，作战方式的变化，指挥者的位置开始移至中军。

秦代战争将指挥部从中军中独立出来，这是军事战术发展的一大进步。指挥部独立出来研究制订严密的作战方案，更重要的是指挥将领的人身安全有了进一步的保证。这是古代军事战术发展成熟的重要标志。

三号秦坑是我国发现的时代最早的军事指挥部的形象资料。建筑结构，陶俑排列，兵器配备，出土文物都有一定的特色。它提供了研究古代指挥部形制、占卜及出战仪式，命将制度及依仗服的服饰、装备等问题的珍贵资料。

秦兵马俑在古今中外的雕塑史上是绝无仅有的。它惟妙惟肖地模拟军阵的排列，生动地再现了秦军雄兵百万、战车千乘的宏伟气势，形象地展示了中华民族的强大力量和英雄气概。

阅读链接

在秦始皇陵东侧的骊山脚下，有一个名叫西杨村的小山庄。1974年，村民为了抗旱开挖水利设施，在村南的沙石摊上挖井，偶然发现了陶俑的残片。当时不知是何物，有人认为是砖瓦窑出的残片，有人认为是神庙里的瓦神爷，有人则认为是瘟神，甚至说是不祥之物，很多人用铁钎把陶俑砸得粉碎。一时之间小村庄被搅得沸沸扬扬。

当时临潼县有位抓农田水利的干部恰巧经过此地，他仔细观察后说："我看不像瓦神爷，可能是文物。"

于是他立刻向文化部门汇报。后经一记者多次到发现处观察，认为距秦始皇陵不远，必然是陪葬之物，并写了《秦始皇陵出土一批秦代武士俑》的短文，引起专家的高度重视。

国家文物局与有关考古专家迅速赶赴陕西，并正式委派陕西省组织考古队发掘。秦兵马俑才得以面世。

宏大精美的大佛寺石窟

　　彬县，古称漆县，在陕西省西部、泾河中游。大佛寺石窟就位于彬县城西，南依青翠巍峨的清凉山，北傍蜿蜒东流的泾河水。

　　大佛寺始建于629年，原名"应福寺"，是唐太宗李世民为纪念抗

■ 彬县大佛寺

击薛举薛仁杲大战中阵亡将士应福所建。

北宋仁宗皇帝为其养母刘太后举国庆寿时，改名"庆寿寺"。从明景泰年间，人们因其佛像高大雄伟，俗称大佛寺，后一直沿用。

大佛寺石窟是陕西境内规模最大的石窟群，也是初唐时期和盛唐时期规模最大、最精美的石窟群，被誉为陕西和古丝绸之路第一大佛。

大佛寺石窟凿岩为室，雕石成像，错落绵延在400米长的奇峭崖面上，共有大小石窟130多个，造像1980多尊，历代题刻170多幅。

大佛寺石窟分5个部分，即大佛窟、千佛洞、罗汉洞、丈八佛窟和修行窟。

大佛窟是全寺规模最大的洞窟，雄居石窟群的中心。窟前有护楼，名为"明镜台"，高70米，为五层三檐六角攒尖顶式结构，是1541年重新修建的。台上筑楼，雕梁画栋，飞檐挑角，雄伟壮丽，势入云端。

大佛窟内有佛像1001尊，佛龛70余处。它的平面近似"凸"字形，横宽34米，进深18米，高24米。洞窟上部的总体构造是穹隆形的。

窟内的主尊大佛就是自古被称为"关中第一奇观"的西方极乐世界教主阿弥陀佛，他结跏趺坐于莲

■ 彬县大佛寺

李世民　唐太宗。古代著名的政治家、军事家，唐朝第二代皇帝，唐王朝创建者唐高祖李渊的次子。登基后，开创了著名的贞观之治，他虚心纳谏，厉行俭约，轻徭薄赋，使百姓休养生息，各民族融洽相处，为唐朝全盛时期的开元盛世奠定了重要基础，"功大过微，故业不堕"，为后世明君之典范。

■ 大佛寺石窟菩萨

台上，高20米，头高5.2米，手高4.5米，手指高2米，指甲盖半米，大佛左手着膝，右臂上弯，作说法状。全身姿态自然丰满，螺髻罩顶，两耳垂肩，月眉凤眼，鼻直口阔。

特别是那双眼睛，在又细又长的柳眉下，微微睁着，似在深情无限地俯视着茫茫世界和芸芸众生。仰观金光灿灿的丰腴面态，慈祥中透出威严，威严中又见慈祥，虔诚凝观，一股撼人的力量，透彻心扉。

大佛两边分别站了两尊胁侍菩萨，高17.6米。左侧的是观世音菩萨，她救苦救难大慈大悲，深得民间老百姓的信奉。右边的是大势至菩萨，她拥有无上的智慧，她以智慧之光遍照一切。

两尊菩萨也是非凡的艺术雕刻。各持法相，面相丰圆，含蓄恬静。所着锦衣，流畅自如，其形其神，无不透射出天国里的至善至美。

在大佛背光的左卜侧，刻着"人唐贞观二年十一月十三日造"的铭文，其中的时间也就是唐太宗李世民执政的第二年，即628年。

窟内的巨型一佛二菩萨的表面都是经过后代重新塑做的，而大佛背后的头光与背光还仍然保留着开窟时的雕刻内容与造型。

浮雕 是雕塑与绘画相互结合的产物，采用压缩的方法来对对象进行处理，展现三维空间，并且可以一面或者是两面进行观看。浮雕一般是附着在另一个平面上，所占空间小，所以经常用来装饰环境。浮雕的主要材料有石头、木头、象牙和金属等。

在佛像身后光环表面，刻着火焰纹、花卉和卷草纹图案，其中还穿插了众多的飞天伎乐和坐佛形象的浮雕，展现出一派佛国世界里和谐、欢快的气氛。

这些背光间的小坐佛却有着低平的肉髻、方圆的面庞，丰满而敦厚的身躯，保留了很多北周以来的造像特征。

千佛洞是一所平面近似于正方形的大型中心柱窟，有造像696尊。由于窟内不太高，而中心柱又比较宽大，只有中心柱正面的几个大龛似乎有一些规划，而其正壁面的佛龛都是大小不一，杂乱无章地排列着，这是洞窟凿成后不断补刻的结果。

从造像龛间的一些铭文题记来看，大部分应该是武则天执政时期的作品。佛龛的造像起材有单尊佛像、双尊佛像、一佛二菩萨、一佛二弟子二菩萨像、单尊的菩萨像和佛装的地藏菩萨像等。

有的在佛、弟子、菩萨一组造像中还加入了天王和力士。这些佛像共有的风格就是都具有鼓胸、细腰、宽胯、头身比例适度、身躯丰满健康的体形。

这是集人体健与美于一身的造像艺术，是从北周的丰满型佛像发展而来的新型艺术，

卷草 这种纹饰是我国传统图案之一。多取忍冬、荷花、兰花、牡丹等花草，经处理后作"S"形波状曲线排列，构成二方连续图案，花草造型多曲卷圆润，通称卷草纹。因盛行于唐代，故名唐草纹。汉代图案中已有卷草纹，唐代十分流行，宋元明清许多瓷窑产品上广泛采用。

■ 大佛寺

佛龛 供奉佛像、神位等的小阁子，一般为木制。龛原指抵凿岩崖为空，以安置佛像之所。现今各大佛教遗迹中，如印度之阿旃塔，爱罗拉，我国云冈、龙门等石窟，四壁皆穿凿众佛菩萨之龛室。后世转为以石或木，做成橱子形，并设门扉，供奉佛像，称佛龛。此外，亦有奉置开山祖师像。

体现了大唐帝国中最为纯正的佛教造像艺术。

特别是有的立菩萨像，清晰显现出女性般的优美身体轮廓，再加上向一旁扭动的胯部，如舞蹈动作般的风姿，完美地刻画出了菩萨的妩媚与婀娜。

这是大唐盛世带来的积极向上精神在出世的佛教艺术中的体现，从中能充分领略到大唐时自由、活泼、开放的社会风尚。这些造像，多次被国外游客冠以"东方维纳斯"美称。

罗汉洞位于大佛洞西侧，这里共有4个面北排列着的小石窟，各窟的形状、深度和高度都不一致，西起第三窟内，在壁上雕刻有浮雕佛经故事60余幅，并留有唐宋以来游人的铭刻，其余3个窟内，各有立体雕佛像及菩萨像数尊，造型生动，雕工精致。

■ 大佛寺石窟内佛像

主尊释迦牟尼佛结跏趺坐，身披通肩式大衣，双手施禅定印，高1.7米，石胎泥塑。主佛两边分别是弟子、菩萨、力士。

罗汉洞的开凿，大约是在唐高宗执政时期，当时并没有按期完工，但在武则天时期就已经开始补刻造像了。罗汉洞的造像除了年代较早的武则天时代的作品之外，还保存了一大批唐玄宗开元纪年以后的雕刻，其中以777年雕造的骑狮文殊菩萨与昆仑奴像为代表。

引人注目的是文殊菩萨塑像，文殊菩萨坐于雄狮背上的莲花座上，气势十分威武，狮子造型极富魅力，狮颈系铃，狮尾摆动，给人以长嘶奔腾的动感。除此之外，窟内还有多尊大小不等、高低各异佛或菩萨造像，高度在一两米之间。

丈八佛窟区位于大佛窟西100米处。主窟为丈八佛窟，窟内有依山雕刻的一佛二菩萨站立像，主佛高8.2米，面部丰圆，右手施无畏印，左臂弯曲，身披通肩式袈裟。

■ 大佛寺石窟内菩萨

两边的胁侍菩萨身高6米，头戴花冠，上身袒露，下身着裙，饰有项圈璎珞，身形婀娜多姿，既显丰腴，又具窈窕之态。

彬县民间有个顺口溜：

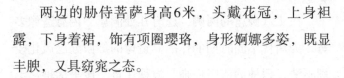

邠州有个大佛寺，把天顶得咯吱吱。

并流传"丈八佛见大佛"的故事：相传大佛的名声远扬，传到了甘肃泾川县丈八佛的耳朵里，他很不服气，要与彬县大佛比试比试。

丈八佛一见大佛，果然名不虚传，自己矮了多半

罗汉 又名"阿罗汉"，即自觉者，在大乘佛教中罗汉低于佛、菩萨，为第三等，而在小乘佛教中罗汉则是修行所能达到的最高果位。佛教认为，获得罗汉这一果位也就是断尽一切烦恼，应受天人的供应，不再生死轮回。在我国寺院中常有十六罗汉、十八罗汉和五百罗汉。

■ 石窟内的佛像

莲花座 据传释迦牟尼和观世音菩萨颇爱莲花，用莲花为座，自此所有寺院里的佛像都是以莲花为宝座，称莲花座。莲瓣座分为4层，莲瓣除每瓣边缘处，绘制白、红、白3条曲线勾边。每个莲瓣的外表还绘制图案、有的莲座在仰莲处不绘制花朵，而只渲饰色彩，勾边图案。

截，只好甘拜下风。大佛请他参观了各处洞窟，还让他品尝当地的名产。丈八佛决心做大佛的侍从。之后便在石窟西边坐禅，为了表示对大佛的尊敬，丈八佛一直站着。

在丈八佛窟的两侧，还有几处洞窟，内有造像多尊，为唐代不同时期的作品。造像的细微处已风化模糊不清，但神韵依旧清晰，肃穆庄重、俊美优雅。十分鲜明地表现出了初唐时期典型的北周时期的佛教造像艺术特色。

修行窟位于千佛洞的东边，共有大小洞窟98个，层层叠叠，十分密集，窟内均无造像，也无题刻文字。大多数洞窟呈方形，也有的个别是圆形或者椭圆形的。有的洞窟里是一窟两室，有的是一窟四室。最小的窟2米见方，最大的长宽在10米左右。

进入这些僧房窟群，犹如进入一个十分神秘别致的空中迷宫。上下左右，或以竖井相通，或以石廊相连，或以崖面上凿出的石台阶相连。

从一些窟外保存的榫眼和残留木桩看，许多洞窟之间还以栈道形式相连。

这种庞大而连贯的僧房窟群在全国范围内是极少见的。它展现了一幅古代僧侣们曾经使用过的结构严密的崖中佛寺景观。

大佛寺石窟石雕造像反映了初唐和盛唐时期精湛的艺术和造型风格，这些是古代能工巧匠艺术的结晶，同时还保存了自唐宋以来历代文人墨客留下的题刻177幅，碑碣6通。诗文优雅，书法真、草、隶、篆皆有。

大佛寺石窟地处丝绸之路北道的主干线上。东汉

僧 是梵语"僧伽"的简称，意译为"和合众"，即指信奉佛陀教义，修行佛陀教法的出家人，亦指奉行"六和敬""和合共住"的僧团。它的字义就是"大众"。僧伽是出家佛教徒的团体，至少要有4个人以上才能组成僧伽。所以一个人不能称僧伽，只能称僧人。

■ 彬县大佛寺碑亭

■ 石窟内的立佛

时期，佛教经丝绸之路传入，南朝北时逐渐达到高峰，隋唐时达到鼎盛。

大佛寺石窟反映的就是这一鼎盛时期的造像状况。石窟的石雕、泥塑、彩绘大量反映出西域乃至印度佛教文化的很多特征，大佛寺石窟理所应当成为丝绸之路上的一个亮点。

大佛寺石窟对于研究我国佛教发展史、雕塑史、建筑艺术史，以及佛教通过丝绸之路在陕西的传播具有重要价值。

阅读链接

传说，大佛是某一天，山崩地裂，在"轰隆隆"的巨响当中从石崖下突闪出来的。

有一天，有3个童子正在泾河川道悠闲地牧羊，忽然有一个声音不知从何处隐隐地传来，问："山开了没有？"

再仔细听，声音愈加洪亮清晰。好奇的牧童四顾却无人影，而问声却一声紧于一声。于是，3个童子便顽皮而随意地应声回了一句："山开了！"

随着这一声回答，忽然山动地摇，对面那座崖面耸立，山顶树木茂密葱茏的清凉寺下，匐然崩裂开一孔巨大的石洞，一时金光四射，天地为之一亮，同时香气弥散，妙音彻空。受惊发呆的童子回神清醒后，发现已有一尊大佛盘腿坐于石洞正中了，大佛两旁还有两位形神俊美的菩萨侍立。

历史悠久而丰富的耀州窑

耀州窑是以西安北的铜川黄堡镇为中心，沿漆河两岸密集布陈，史称"十里陶坊"。同时还有立地、上店村、陈炉镇、玉华村等窑场，依次排列，绵延百里。此地在宋代辖于耀州，故名耀州窑，其产品称"耀州瓷"，或"耀瓷"。

耀州窑是集唐、五代、宋、金、元等各个历史时代的瓷窑于一处的续代古陶瓷窑场。其生产历史悠久，规模宏大，技术精湛，在我国陶瓷史及文化史上占有重要地位。

唐代陶瓷在魏晋六朝的基础上又有较大的发展：生产地域广阔，各地名窑兴起，南北技

■ 唐宋耀州窑遗址

艺交流，产品质量明显提高。随着对外贸易的拓展，瓷器的需求量日益增长，瓷业生产也日趋繁荣。

黄堡窑场正是在这种条件下开始了创烧。耀窑是我国古代生产陶瓷釉色品种最多的窑口，品种达数十种。其中唐三彩色彩艳丽，格调明朗，气韵雍容，不仅是唐时，也是我国所有古陶瓷中的瑰宝。

除唐三彩之外，唐代耀州窑的瓷器品种有白釉瓷、黑釉瓷、黄釉瓷、茶叶末釉瓷、花釉瓷、素地黑彩瓷、白釉黑彩瓷等多个。

唐代耀窑虽处于探索阶段，但聪颖的匠师们博采众长、大胆创新，使自己走出了一条可以充分发挥自身特长的创新之路。这种在黄河南北独树一帜的烧瓷业，也正是它发展到宋代成为名窑的关键。

五代时期，该窑以烧青瓷为主，青瓷烧制工艺已经成熟，青釉有灰绿、青绿、天青、淡天青等色调。还兼烧少量黑、酱釉瓷。

造型秀丽华美，多仿金银器。往往采用剔花或划花手法，制作出各种生动流畅的纹样。在瓷器纹样中发现有专为皇室用瓷设计的龙、凤图案。还发现刻有"官"字款的青瓷器底多件。

唐代耀州窑青釉莲花炉

到了宋朝，瓷器烧造业进入一个极为繁荣的时期，定、汝、官、哥、钧5大官窑，定、钧、耀州、磁、越、建、景德镇、龙泉8大民窑，争相辉映。

耀州窑作为一个自成窑系的北方著名窑场，以大批量生产独具特色的刻花和印花青瓷，无可争辩地成为北青瓷的代表。

在耀州窑场，拥有一批技术高超的工匠，他们所做的瓷坯，方圆大小，皆中规矩；烧制成的瓷器，巧如范金，精比琢玉；击其声，铿铿如也；视其色，温温如也。这里的窑场范围很大，制陶业已经形成了一项产业，"居人以陶器为利，赖之谋生"。

■五代时期耀州窑青釉提梁倒注壶

耀州窑宋代晚期以青瓷为主，胎薄质坚，釉面光洁匀静，色泽青幽，呈半透明状，十分淡雅。装饰有刻花、印花，结构严谨丰满，线条自由流畅。

纹饰多满布器内外，种类繁多，有牡丹、菊花、莲花、鱼、鸭、龙凤等，风格粗放健美，生动自然。器形有碗、盘、瓶、罐、壶、香炉、香熏、盏托、注子温碗、钵等。

宋代以后，耀州窑又继续烧瓷数百年。金代前期该窑延续了宋代青瓷的烧造，又突出了月白釉青瓷的创新。其后期，姜黄釉青瓷的烧造重点面向中下层民众，烧成上突出了可以增加数量的无釉圈叠烧工艺，装饰纹样也趋于简练。

元明两代该窑发展趋于衰落，一方面继续烧造姜黄釉青瓷，另一方面逐渐加强了黑、白、酱、茶叶末釉瓷和白地黑花瓷的烧造。

在多品种色釉瓷的烧制中，白地黑花瓷是此一时期该窑的代表作品。至此，该窑青瓷的烧制已明显衰落。不久，窑场亦终烧，从此以后就在其原有的历史舞台上消失了。

经过各朝代的动荡变迁，各陶场先后停烧，陈炉窑成为耀州瓷的主要生产地，产品以青瓷碗、盘为主，多呈姜黄色，装饰以印花为主，刻花次之。

明代是陈炉窑的蓬勃发展期。塬上塬下，"郁郁千家烟火迷"，形成"炉山不夜"的奇观。产品以缸、盆、碗、罐为主，多为黑白釉色，绘画、拨花、堆贴、题字等装饰手法并用。至清代，青花和铁锈花成为陈炉窑陈设瓷装饰的主流。

耀州窑的烧造工艺和装饰技法，对各地的影响较大，除陕西境内的一大批窑仿烧外，它的技艺还传到河南的临汝、禹县、宝丰、内乡等窑，传到广东的西村窑、广西的永福窑，形成了以黄堡镇窑为首的一个庞大窑系。

阅读链接

耀州窑遗址位于城区黄堡镇西南。1958年秋至1959年，考古工作者先后对黄堡、立地坡和上店村进行调查和发掘。

在黄堡镇发掘出唐、宋、金、元4个时代的瓷窑12座，砖瓦窑一座，生产作坊4间，作坊窑洞1孔，灰坑6个，出土瓷片85000多块。器形主要有碗、盆、盅、罐、壶等生活用具，石碓、石杵等生产工具和匣、钵、垫饼、垫环等窑具。

后来，对耀州窑遗址又一次进行发掘，共开探作坊37个，面积3178平方米，首次发现制作唐三彩的作坊和烧造窑炉，以及大量的三彩标本，这是重大突破。

共清理出唐、五代、宋、金、元各代制瓷作坊10组17座，唐三彩窑炉3座，三彩釉试釉小炉一座，唐、宋窑炉12座，以及原料加工场、堆料场、晾坯场、堆货场等，出土瓷器上千件，以及低温彩釉陶、琉璃瓦和各种工具、窑具等。

陕西各地独具特色的民居

在陕西各地，由于地理位置、气候环境、生活习惯的不同，住宅也不尽相同。"陕西十大怪"之一"房子半边盖"，主要指关中西部地区农村传统的房屋建筑形式。

■陕西窑洞

■ 陕北窑洞

风水 本为相地之
术，即临场校察
地理的方法，也
叫地相、青乌、
青囊，古称堪舆
术。相传风水的
创始人是九天玄
女，比较完善的
风水学问起源于
战国时代。早期
的风水主要关乎
宫殿、住宅、村
落、墓地的选
址、座向、建设
等方法及原则，
是我国历史悠久
的一门玄术。

这种房从侧面看，成"划"形，正好是两面
"人"字形房屋的一半。一般是房子后墙高5至6米，
檐墙高3米，下雨时，雨水朝一边流。这种一边盖的
房子，叫"厦房"。

究其原因，主要是这种房子省木料，不要大梁、
大立柱。同时面积小也省工。再加上砌墙用"胡
基"，取材方便。以这种形式的房组成的四合院，雨
水流向院内，美其名为"风水不外流"。

陕北取黄土高原土层厚实、地下水位低的特点，
挖窑洞作民居，有冬暖夏凉的优点。

陕北建造窑洞，最早应该始于周代，半地穴式。
秦汉后发展为全地穴式。明朝中叶，开始用石块做窑
面墙。明末清初，当地人仿土窑模式建起了石砌窑
洞；也有用彩色瓷砖添窑面和分割厅室及上下两层楼
房式的窑洞。

陕北窑洞是依山势开凿出来的一个拱顶的窑洞。由于黄土本身具有直立不塌的性质，而拱顶的承重能力又比平顶要好，所以窑洞一般都是采取拱顶的方式来保证了它的稳固性。

民居窑洞可分为地坑式、沿崖式和土坯式3种。地坑式窑洞在地面挖坑，内三面或四面开凿洞穴居住，有斜坡道出入。沿崖式窑洞是沿山边及沟边一层一层开凿窑洞。土坯拱式窑洞以土坯砌拱后覆土保温。此外还有砖石砌的窑洞式民居。

地下窑洞的组合仍然保持北方传统四合院的格局，有厨房和贮存粮食的仓库、饮水井和渗水井，以及饲养牲畜的棚栏，形成一个舒适的地下庭院。在地段的利用、院落的划分、上下层的交通关系、采光通风和排水都有很巧妙的处理方法。

陕北人民注重美化窑洞，火炕是美化的重点之一。特别是在炕周围的三面墙上约1米宽的地方，贴

炕 又称火炕，或称大炕，是北方居室中常见的一种取暖设备。古时满族人也把它引入了皇宫内。盛京皇宫内多设火炕，而且一室内设几铺，这样既解决了坐卧起居问题，又可以通过如此多的炕面散发热量，保持室内较高的温度。东北人住火炕的历史，至少有千年以上。

历史积淀
灿烂文化

■ 窑洞外景

炕围画 是一种民间的室内装饰画，亦称"墙围画"，是壁画、建筑彩绘、年画的复合体。炕上部分是其主体，锅台画、灶头画、看墙画是其外延部分。表现内容丰富，人物、花鸟、山水、风景无所不有；表现手法多样，工笔重彩、水墨写意，木版年画，月份牌年画，装饰水粉画"多元并存"。

上一些彩纸，当地的人们称之为炕围子。

炕围子是一种实用性的装饰，它可以避免炕上的被褥与粗糙的墙壁直接接触，保持清洁。为了美化居室，不少人家在炕围子上作画。这就是在陕北具有悠久历史的民间艺术炕围画。

陕北窑洞的窗户也是整个窑洞中最讲究、最美观的部分。拱形的洞口由木格拼成各种美丽的图案。窗户分天窗、斜窗、炕窗、门窗四大种类。

很多出色的剪纸巧手剪出的各种窗花、炕壁花、窑顶花等，造型各异、美观生动。尤其是过年过节喜庆之时，人们根据窗户的格局，把窗花布置得美观而又得体。

窑洞的窗户是窑洞内光线的主要来源，窗花贴在窗外，从外看颜色鲜艳，内观则明快舒坦，从而产生一种独特的光、色、调相融合的形式美。

■ 窑洞内景

■ 党家村四合院

陕南地区地势比较复杂，因而民居的形式多样，传统的民居有石头房、竹木房、吊脚楼、三合院和四合院。石头房多建于镇巴、安康、西乡山区；竹木房多建于南郑、宁强、城固山区；吊脚楼多建于沿江集镇；三合院和四合院多建于平坝城镇。

除此之外，陕西比较有代表性的民居，还有党家村四合院。党家村的俗名叫"党圪"，始建于1331年。村寨地处韩城东北方向9000米，泌水河谷北侧一处葫芦状的沟谷之中。

党家村四合院一般都是一个独立的院落，占地166平方米左右，虽有带后院、偏院的，但数量较少。上首的厅房和下首门房都将地基的横向基本占尽，两侧厢房嵌在二者之间，围在中间的院落比较狭窄。

厅房、门房前坡的大部分檐水，先要流入厢房山

窗花 是贴在窗户纸上或窗户玻璃上的剪纸。在宋元时期逐渐流传，成形。窗花是民间剪纸中分布最广、数量最大、最为普及的品种。分为"南北风格"，南方以"精致"为美，其特点是玲珑剔透；北方以朴实生动为美，其特点是天真浑厚。

■ 党家村拱门

墙上用砖悬砌的。紧承着屋檐的水槽——俗称筒槽，再流泻下来。

也有的筒槽是檩上架椽、筒瓦包沟结构，高度与砖结构的相同，但要宽得多。院中全部青砖铺墁。四面房子的背墙和厅房门房的山墙一起，构成院子的界墙。

党家村四合院的厢房，绝大多数是两坡水。为节约地基，相邻院落间为厢房后坡檐水留的水道仅仅一尺来宽，檐水落地后直接排入巷道，或者拐入自家院中；有的甚至将两院厢房背墙筑在一起，把水道修到墙顶上，后檐檐水由水道汇入筒槽后再分别下泻到自家院中。

党家村四合院，院门分墙门和走马门楼两类。墙门窄小朴素；走马门楼高大气派。门大多开在门房偏左或偏右的一间上，中门较少。据说，家里出了有"功名"的人，才能开中门，所以中门外面往往竖有旗杆。

走马门安在门房背墙内缩七八尺处，门外房下的空间称"外门道"。外门道上有阁楼，阁楼向外一面堆叠起来的枋木称门楣，门楣有略施藻绘，也有全部透花饰以枫拱和垂花的。

两侧下起墙裙，上与门框等高处，用做有纹线的

对联 又称楹联、对偶、门对、春贴、春联、对子、桃符等，是写在纸、布上或刻在竹子、木头、柱子上的对偶语句言，对仗工整，平仄协调，是一字一音的中文语言独特的艺术形式。对联相传起于五代后蜀主孟昶。它是中华民族的文化瑰宝。

花砖圈出两方很大的"框壁"，框中用砖做成各种图案。"框壁"外侧左右各有一根一半墙内一半墙外的通柱，柱下有石础，是逢年过节、红白喜事粘贴对联的地方。

两柱外侧以及同列山墙，墙头都砌着宽约1尺的"螭头子"。"螭头子"呈弧形，支撑房檐，也起装饰作用。"螭头子"下部为座斗，座斗靠内一面与墙砌在一起，整体凸出墙外，呈悬空状，雕刻的是外露的三面，外露部分又分两层，上层多为透雕须弥座，下饰流苏、云头等形状。

下层多为二级"斗"形构件，能刻6幅画面。年代较早的画面简单，如明朝、清朝前期的内容多为字、卦爻符号之类。后来发展为瓶炉三事，盆景瓶子插，琴棋书画，人物故事等。至乾隆年间，艺术上可说是到了登峰造极的地步。党家村走马门楼的"螭头子"的样式有40多种。

门为黑色，配以红绿色门框。门上面为木质门匾，浮雕着诸如"耕读世家""安乐居""忠厚""文魁""登科""太史弟"之类的题字，白底黑字或蓝底金字，有的表白心志情趣，有

螭 我国古代传说中一种没有角的龙。它是龙九子中的一子，好险，勇猛，檐翘起的部分都有它，称为螭吻。古建筑或器物、工艺品上常用它的形状作装饰。嘴大，肚子能容纳很多水，在建筑中多用于排水口的装饰，称为螭首散水。

■ 党家村四合院

的显示身份地位，书法刻工都十分讲究。

匾下左右两个"管扇"头，雕成云头、莲花等样式，涂着金粉或银粉，点缀着门楼外观。门两边有"门墩石"，分方形、鼓形、兽形几类，方形、鼓形上也都雕有人物、禽兽、花卉等，形态生动逼真。

临街有"上马石"，就近墙上安有"拴马环"，有的竖着"拴马桩"。因这几样设施，这种门楼才冠以"走马门"。

门里房下空间称"内门道"。内门道墙上，总筑有一个小神龛，用来供奉土地神。

设在门房一侧的偏门式内门道迎面山墙上，都有青砖浮雕，有的是字，有的是景。字以"福""寿"为多，只雕一字，2米见方。"福"字潇洒开放，"寿"字平和厚重。景则多以喜鹊、梅花及青松、仙鹤为题材，构图雕琢绝无雷同，皆取福庆长寿之意。

另一处传统的四合院民居就是合阳民居，合阳民居一般一院包括门房、上房和两溜厦房，富有的人家过去除了正院外，还有书房院和马房院，或一并排三院相连，有小门可通。

阅读链接

党家村位于陕西省韩城市东北方向，党家村四合院是韩城民居的典型代表，韩城在乾隆年间曾经被称为陕西的"小北京"，而党家村因农商并重经济发达则又被称为"小韩城"。

党家村始建于1331年，全盛时期有四合院数百院之多。现有保存完好，建于明清时期，属党、贾两姓的四合院125院。此外，还有祠堂12座，庙宇、戏楼各两座，以及文星阁、节孝碑、看家楼等一批古建筑。

党家村的四合院，无富裕、清贫、做官、为民之分，其形制规格颇一致。城墙、看家楼、泌阳堡、及夹层墙哨门等攻防兼备古代防御体系，是党家村保存至今的一个重要原因，也体现出在战乱年代有钱的党家村人当时的心态。

精美绝伦的蓝田玉雕

我国素有"玉乡"之称，玉制品之多、技术之精巧，都胜过其他石类，而"中国四大名玉"之一的陕西蓝田玉，更以独有的艺术气质和文化价值在玉器文化中扮演着重要角色。

关于蓝田玉，还有一个美丽的传说：

相传，蓝田在得名之前，不过是终南山古驿道上的一个小山庄。庄上有一个穷书生叫杨伯雍，他年轻好学，心地善良。当他看到过往旅客长途跋涉经过此地，缺少歇脚喝水的地方，便搭了一个蓬草凉亭，供过往旅客喝水用茶。他光棍一人，一干就是3年。

有一天，一位老汉身背碎石，因劳累过度，栽倒在凉亭前。

杨伯雍急忙把老人搀

■ 蓝田玉器

■ 蓝田玉器

璧 古代的一种器物名，一般为玉制，也有用琉璃制的。璧的形状通常呈扁圆形，中心有一圆孔，但也有出廓璧，即在圆形轮廓外雕有龙形或其他形状的钮。璧分大璧、谷璧、蒲璧，三者统称"拱璧"，因皆须两手执持。另有一种系璧，形较小，为佩于绅带之物。

扶起来，喂水喂饭，救了老人。杨伯雍问寒问暖，欲留老人多歇一个时辰。老人说："有事在身，不宜久留。"

说完，老人把他背的一斗碎石给了杨伯雍，说："别看这些碎石头，你种在地里就会生出玉石，还能娶一个好媳妇。"不等杨伯雍答谢，老人便消失了。

杨伯雍依照老人的叮咛去做，果然地里生出一斗玉石，后来，他用玉石做了5双白璧做聘礼，娶了一位善良贤惠的徐姑娘。但是这地方山多地少，遇到天旱，粮食减产，农民忍饥挨饿，苦不堪言。

杨伯雍和妻子商量，便把自家的玉石分发给百姓下山换粮，以度灾年。穷山庄产玉的消息一传十，十传百，一时官匪勾结，把地里的玉石一劫而空，杨伯雍一家和村民的生活也成了问题。

原来，杨伯雍救过的那老人不是凡人，而是太白金星。当他得知地里的玉石被官匪掠走后，便托梦给杨伯雍说："晴天日出入南山，轻烟飘处藏玉颜。"从此，蓝田的深山就能觅到玉石了。

蓝田玉俗称"菜玉"，质地坚硬，色彩斑斓，光泽温润，纹理细密。

而蓝田玉雕工艺更是源远流长，早在旧石器时期先民们就开始佩带打制的蓝田玉，境内龙山文化与仰韶文化遗址中，出土的玉器就有先民磨制的玉璧、玉戈等。

春秋战国时期，蓝田玉雕随着百家争鸣，文化的高速发展，玉器与玉的宗教礼制色彩有机结合起来。在制作技巧上也有长足的进步，镂孔技术愈益高超。

秦统一六国后，得蓝田水苍玉，制作为"传国玉玺"，秦始皇命李斯篆文，其文为："受命于天，既寿永昌。"玺文用花、鸟、鱼、蛟、鹤、鳝等动物图像阴刻其上，生动逼真，刀法娴熟。

此外，蓝田出土的战国7件玉圭，也是非常少见的精品。

秦汉时期，蓝田玉作为宫廷宠物，被大量使用，汉高祖用蓝田玉加工为鸠杖，赐于德高望重的耄耋老臣，并用蓝田玉加工成其墓道的大玉铺首。

蓝田县泄湖镇薛家河村长公主墓出土的铜镂玉衣，原李后乡新庄村出土的玉琀等，都为蓝田玉早期加工作了很好的印证。

还有咸阳出土的"汉白玉马"，渭南发现的玉牛，都显示了蓝田玉雕从史前的古朴稚拙发展到雄浑豪放，显示了蓝田玉雕工艺自由奔放，蓬勃发展的道路，采用高浮雕圆雕手法明显增多，普遍使用镂孔花纹、表面细刻线纹的浮雕手法和素面玉器表面抛光技术，工艺

戈　我国先秦时期一种主要用于勾、啄的格斗兵器。流行于商至汉代。其受石器时代的石镰、骨镰或陶镰的启发而产生，原为长柄，平头，刃在下边，可横击，又可用于勾杀，后因作战需要和使用方式不同，戈便分为长、中、短3种。

■ 蓝田玉三足斝

技术达到了很高的水平。

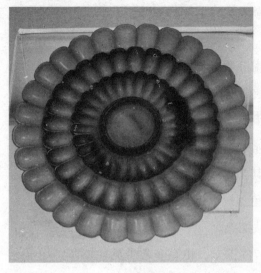
■ 蓝田玉

隋唐时期，随着政治上的统一和经济繁荣，蓝田玉雕达到了历史上的鼎盛时期。蓝田玉不仅是地方向朝廷的贡品，而且从采玉到加工的整个过程，形成了一条龙式的生产工艺。

唐代蓝田玉种繁多，涉及各个领域。最主要的有宫廷妃嫔、贵妇的装饰品玉步摇和达官显贵用蓝田玉制作的显示等级威严的玉带。还有用蓝田玉制作的乐器，《杨贵妃传记》"太真善击磬，上令用蓝田绿玉制成一磬，备极工巧"。

此时的蓝田玉制品，均以精巧见长，唐代工匠大量吸收当时绘画、雕塑艺术之精华，制造出一批与汉玉风格迥异但又独具特色的玉器制品。

唐代蓝田玉雕在制作中采用一种假凸实凹的表现手法，采用入刀较宽的斜阴线刻画，给人以浅浮雕的艺术效果，这种玉雕与汉代玉雕那种细若游丝的阴线刻大相径庭，为后代发达的浮雕、立雕技法奠定了基础，充满了浓郁的生活气息。

蓝田作为畿内之地，唐代宫廷对蓝田玉的采掘达到了登峰造极。这些在诗人李贺的《老夫采玉歌》和韦应物的《采玉行》中都作了详细的记叙。因而蓝田玉山成为唐代采用的官矿，围绕着采玉，蓝田大量的

玉带　通常是指用玉装饰的皮革制的腰带即革带。这种装饰革带用的不制品，称"带銙"，俗称玉带板。早期的玉带是一种蹀躞带，即革带上面缀玉的同时又缀有许多勾环之类，用以钩挂小型器具或佩饰等物。蹀躞带只有一根鞓，一付带扣，不用铊尾。

玉雕工匠随之而产生。

诗人钱起的《白石枕》一诗，将蓝田玉皎然如霜、苍翠若碧水的形态跃然纸上 。729年蓝田大地震，玉山采玉矿区"山摧百余步"，遭严重破坏。

明代后期及清代，蓝田玉源重现，引来石匠和玉工后裔，重新将视点集中在蓝田县境内玉川、红门寺等地，成为玉器的开采和加工之乡；多为一家一户作坊式的加工，品种单一规模不大。

但此时我国的玉雕工艺发展已达到最高峰，玉质之美、品种之多、雕琢之精、应用之广都达到空前程度。作为一种文化，作为一种工艺，在相互渗透，相互关联，相互影响中，对蓝田玉雕工艺走向成熟，起了推动作用。

蓝田玉雕工艺是一项专门的技术，它是将璞玉经过制作者按照量材施艺的原则进行巧妙的构思设计，再进行雕琢，最后加工成为精美工艺品的过程，整个工艺流程可概括为审料、设计、雕刻、抛光、装潢5个主要环节。

蓝田玉雕选料考究，人物作品多用岫玉、芙蓉石、南玉、紫晶、白玉、碧玉、翡翠、珊瑚和玛瑙等，雕出的人物以情动人，神形兼备，风流潇洒，突出个性。

花卉作品多用珊瑚、松石、翡翠或俏色玛瑙等，制出

雕塑 是造型艺术的一种。又称雕刻，是雕、刻、塑3种创制方法的总称。指用各种材料创造出具有一定空间的可视、可触的艺术形象，借以反映社会生活、表达艺术家的审美感受、审美情感、审美理想的艺术。在原始社会末期，居住在黄河和长江流域的原始人，就已经开始制作泥塑和陶塑了。

■ 蓝田玉

的花瓶、花篮、梅花、菊花、荷花、牡丹、玫瑰、石榴等形象逼真，好似朵朵永不凋谢的鲜花。此外，还有飞鸟走兽，各个栩栩如生，光彩夺目，突出了玉雕"巧、俏、绝"的艺术特色。

阅读链接

甘肃省天水市发现的战国大玉钺，有着蓝田玉特有的绿灰色和斑驳的明暗纹理。

该大钺体扁平作板铲状，宽弧刃，两角翘出。两侧有内收弧线并各透雕两个长方形孔。因其主要功能为礼仪用器，不便装柄，故于装柄部位开一方形缺口来表示此即装柄之部位。

钺末端作凤鸟或云朵状，前接一张口卷尾虎。钺体两面花纹相同，各以浅浮雕镂出兽面纹。其形象横眉内勾，"臣"字形眼，U形鼻，鼻翼两旁吊下垂外撇之长髯。

兽面纹上方，各有弓形突纹左右对称，并向下延伸囊插兽面而闭合之，于是形成与突弧刃平行的一道弧线纹。接近透孔的钺面各饰有战国秦特有的方折卷云纹，旁填S形纹。

近柄部缺口旁雕平行的两道直线纹，与柄缺对应处有两圆点纹。末端两面亦饰方折卷云纹和圆旋纹。华丽壮伟，精美异常，给人以庄严神秘与强烈的震撼。

随俗渐进的陕西木版年画

陕西年画主要集中在凤翔、汉中、神木、蒲城、长安等地。陕西木版年画在宋金时已出现，明代流行民间，清代中期至盛。

凤翔木版年画起源较早，相传在唐、宋时就有单色印画，至明代逐步发展为套色印画。据《凤翔县志》记载：

凤翔年画

明正德二年，南小里邰氏家族中有8户人家从事木版年画工艺，至明末清初，该村有10多户人家开办作坊印制年画。

谷雨 是二十四节气的第六个节气，源自古人"雨生百谷"之说。同时也是播种移苗、掩瓜点豆的最佳时节。陕西汉中地区张贴谷雨画"鸡吃蝎"，上题：谷雨日、谷再晨，奉请谷雨大将军，化三盏、酒四尊，送蝎千里化灰尘。

清乾隆五十五年至道光十五年即1790年至1835年的45年间，凤翔的印画业大为拓展，南、北小里村和陈村镇共有印画作坊40多家，年产各种年画、谷雨画200多万张，远销甘肃、宁夏、青海等地。

其中南小里村的"世兴画局""中兴画局"，北小里村的"复盛画局""兴盛画局""新盛画局""厚义画局"，陈村镇的"张记""李记""家记"等画局均具规模，品种日趋丰富。仅大小门神就有40多种，有的组画一套达30多幅。

由于地处西北受外部美术影响很少，凤翔年画基本上保持了原古版年画的艺术风格，成为凤翔年画"笑傲年画群"的重要原因之一。

较国内其他地区的年画，凤翔民间木版年画显得更为粗犷、夸张。局部粗细搭配、构图饱满，门画造型威猛，风俗画构图贴近生活情趣，色彩大红大绿，

■ 年画《对松关》

■ 凤翔年画《宁武关》场景

对比强烈，套金套银后富丽堂皇，手脸部分手工填染后更显逼真。

凤翔木版年画全以手工雕版，土法印制，局部手绘染填，规格有全开、三开、五开、六开、十二开不等，品种亦有门画、十美画、戏剧故事画、风俗画、六神画、窗花画6大类。

在制作工序和方法上，凤翔与国内各年画产地几乎大同小异，其制作非常考究，从画墨线稿、贴版、站版、菜油浸版、刻版、平底到设套色、刻套色版，到最后印刷墨线、套色、套金套银、手染上相粉、开红光、描眉画眼，不下10道工序，有的风俗画、戏剧故事画还要刷天景、地景。

汉中年画始于清代中期，产地有汉中、南郑、洋县、城固等十余处。其中影响最大的是汉中"庆福成""永兴龙""福春成""和记"等画店。

戏剧 指以语言、动作、舞蹈、音乐、木偶等形式达到叙事目的的一种舞台表演艺术的总称。由于文化背景的差别，不同文化所产生戏剧形式往往拥有独特的传统和程式，如西方戏剧、中国戏曲、印度梵剧、日本能乐及歌舞伎等。

画店平时经营纸业，中秋节后生产年画，从艺者逾百人，印数达百万张。每逢腊月，画贩云集，畅销陕、豫、鄂、蜀、陇、青等省。

汉中木版年画主要以人物为主，以门神见长。年画题材中的门神有秦琼、敬德、鹿鹤同春、状元进宝、方弼、方相、马武、姚琪、孙膑、庞涓、魏徵、双司马、姜子牙、燃灯道人、包文正、赵公明、方腊、刘海戏蟾、八路进财、天官赐福、万福来朝、赵云、张飞等。

汉中门神分大幅和小幅两种：大幅又称车门画，高95厘米，多贴在商号和有钱人家大门上；小幅高45厘米，多贴在普通人家门上。

汉中门神画色彩鲜明沉着，以大红、绿、玫瑰红、黄、紫、橙黄六色为主，采用石绿、槐黄等矿物色和植物色，颜色经久不变，刻版线路造型流畅、浑厚，整体气势丰满。

除门神画外，汉中年画内容多取古代名将和神话人物。民间艺人很善于采用程式化的手法夸张武士勇猛威武的性格，以期邪恶生畏，人丁安宁。

阅读链接

在我国西北地区民间，为适应年节的传统风俗习惯，家家户户都要在腊月二十三这天"扫社"，也称"祭灶日"，撤掉旧的门神、家宅六神和屋内墙上的旧年画，把这些年画烧掉，"送上天"，也叫祭灶王，把一年来的屋子内外打扫干净，粉刷一新。

到了腊月三十这天，每家每户门上从大门上面开始贴上五色门旗，门扇上贴门神，门框上贴对联；院子灶房贴家宅六神，即天神贴院中，土地贴门口，灶王贴厨房，仓神贴粮仓旁，龙王贴水井上，牛马王贴马房；大户人家客厅贴中堂，屋内要贴风俗画，十全十美贴在窗扇上，炕墙上戏剧故事贴满墙。

遥相辉映的西安钟鼓楼

西安，古称"长安""京兆"，是我国历史上建都时间最长、建都朝代最多、影响力最大的都城，有着"天然历史博物馆"的美誉，如大雁塔、钟楼、鼓楼、明城墙、大明宫、大唐芙蓉园、小雁塔等西安标志性建筑。

其中，相距仅半里的钟楼、鼓楼犹如一对孪生兄弟，遥相辉映，别具特色。

西安钟楼始建于1384年。相传，明太祖朱元璋登基后不久，长安城中心地下不断涌出水来，淹没房屋，冲毁道路，大有把长安变成一片汪洋之势。

一天，观音菩萨路经长安，见此情景，便托梦

■ 西安钟楼全景

■ 西安钟楼

观音菩萨 又作观世音菩萨、观自在菩萨、光世音菩萨等。他相貌端庄慈祥，经常手持净瓶杨柳，具有无量的智慧和神通，大慈大悲，普救人间疾苦。当人们遇到灾难时，只要念其名号，他便前往救度，所以又称观世音。

给城中的百姓道："有一条孽龙在地下兴风作浪，要把长安变成海，大家只要齐心协力挖开海眼，囚住孽龙，并在上面建一座钟楼将它镇住，方可永保长安城万世长安。"

于是，长安城中的百姓便挥舞镢锨，顺着冒水的地方一直挖下去，终于挖至足有10个井口大的海眼，但见一条巨龙正在浪中张牙舞爪，掀起波涛。众人经过奋力拼搏，最后将孽龙用钢环铁索紧紧捆绑在一根镇海铁柱上，再用厚厚的钢板封住海眼，并立即动工在上面修建了一座10多丈高的钟楼。

正当大家将一个巨大的玻璃做的宝葫芦安放在钟楼顶时，被捆绑的孽龙突然在地下晃动身躯，钟楼突然剧烈地摇动起来，玻璃顶一下子摔到地下成了碎片。钟楼的抖动也越来越厉害，大有倒塌的危险。

在这危急关头，观音菩萨驾云从南海来到长安上空，把手中的净瓶倒扣在钟楼上，变成了金光闪闪的宝顶，钟楼顿时纹丝不动，稳如泰山。那条孽龙从此被镇在钟楼底下，再不能作恶为害。为了镇住蛟龙，朱元璋还调来了"天下第一名钟"景云钟前来助阵。

钟楼最初在西大街以北广济街口的迎祥观，1582年，在巡按御史龚贤主持下，将钟楼整体迁移。

关于这次整体搬迁的原因，这里还有一个美丽的传说呢。

明代万历年间，关中发生了大地震，死伤数万人。长安豪门大族十分恐慌，纷纷奏告地方官要降魔伏妖，平息地动。知府也像热锅上的蚂蚁，坐卧不宁，请来迎祥观的道士高承之商议此事。

高承之是长安城久负盛名的老道士，他善舞剑会法术。他告诉知府说："依我看，钟楼东迁半里，地动必然消除。"

知府问为什么，高承之说："我有一卷书，上面记着长安的地理情况：关中原是一片大海，终南山的高峰也不过是些零星的小岛，当'天倾西北，地陷东南'的时候，海水向东

■西安鼓楼

111

历史积淀

灿烂文化

■ 西安钟楼远景

道士 信奉道教教义并修习道术的教徒的通称。道士作为道教文化的传播者，又以各种带有神秘色彩的方式布道传教，为其宗教信仰尽职尽力，从而在社会生活中，也扮演着引人注目的角色。道士之称始于汉朝，当时意同方士。在道教典籍中，男道士也称乾道，女道士则相应地称坤道。黄冠专指男道士时，女道士则相应地称为女冠。

流去，这才成了平原。"

"但有一条大鳌鱼不愿离去，就用嘴凿了一条大川，把自己隐藏其中。后来地裂山凸，这条大川就成了地下河。每到3月15日，鳌鱼就游到露出地面的大川口，呼吸空气，喷沙击浪，冲出几丈高的水柱。关中居民怕它带来灾难，每到这一天，就把铜盆翻扣上，放上奉品敬献鳌鱼。从隋以后，长安东移这条川口也被封闭，再也见不到鳌鱼作怪。"

知府问道："可知大川口在什么地方？"

高承之站起身，拉开窗帏，指着东边说："就在钟楼半里的那个十字街口。"

说着从袖筒里抽出一卷图，递给知府。知府展开一看，是一座瑰丽的钟楼，楼下伏卧着一条鳌鱼，左上角有一首诗：

天刚破晓霞蔚生，跑却金币乐无穷；
春风漫舞长安道，修得是楼四街中。

看罢图卷，知府立即命令全城铁匠赶制一根百丈长铁链，准备降鳌建楼。不到一个月，铁链制成。等到3月15日，知府和高承之也来至十字路口。知府命

112

古朴秦川

三秦文化特色与形态

令士兵用镢头刨开地面，见露出4块大石头，揭开石条，果见下面有一深井，听到流水"哗哗"响。

不一会儿，一股水柱夺井而出，冲向天空，随即见到一鳌鱼头伸出井外。

道士高承之走过去用宝剑按住鳌鱼头，叫士兵用铁链将其锁住，然后将铁链和鳌鱼一同沉入井底。知府又令人铸起大铁圈，紧紧箍住井口，将铁链的另一端压在下面。征用5000工匠，夜以继日迁移钟楼。

从此以后，鳌鱼被镇压在井底下，再也不能兴妖作怪了。

西安是明代西北军政重镇，所以无论从建筑规模、历史价值，还是从艺术价值方面来说，西安钟楼都居全国同类建筑之冠。可以说，它是我国古代遗留下来许多钟楼中形制最大、保存最完整的一座。

钟楼整体以砖木结构为主，从下至上依次由基

■ 西安钟楼

■ 西安钟楼

典故 原指旧制、旧例，也是汉代掌管礼乐制度等史实者的官名。后来一种常见的意义是指关于历史人物、典章制度等的故事或传说。典故这个名称，由来已久。最早可追溯到汉朝，《后汉书·东平宪王苍传》中记载："亲屈至尊，降礼下臣，每赐宴见，辄兴席改容，中宫亲拜，事过典故。"

座、楼体及宝顶3部分组成。基座为砖石结构的正方形，高8.6米，基座四面正中各有高宽均为6米的券形门洞，与东南西北4条大街相通。

楼体为木质结构，深、广各3间，系"重檐三滴水""四角攒顶"建筑形式。楼分两层，每层四角均有明柱回廊、彩枋细窗及雕花门扇。

西安钟楼的门扇槅窗雕镂精美繁复，表现出明清盛行的装饰艺术。每一层的门扇上均有8幅浮雕，每一幅浮雕均蕴含了一个古代典故。比如，第一层南门，自东向西依次为"文王访贤""伯牙鼓琴""画龙点睛""斩蛇起兵""伯乐相马""柳毅传书""舜耕历山""灞桥授书"等。

在西安城内，与钟楼相媲美的姊妹建筑当是西安鼓楼，两楼遥相辉映，故有"姊妹楼"和"文武楼"之称，唐代诗人李咸用诗云"朝钟暮鼓不到耳，明月孤云长挂情"，即对两楼的精恰写照。

鼓楼坐落于北院门街的南端，与钟楼相望，始建于1380年，比钟楼的建造时间稍早。楼体为砖木结构，呈长方形，通高34米，东西长52.6米，南北宽38米。楼基用青砖砌成，高8米，基座南北正中辟有高宽均6米的拱券门洞，南通西大街，北通北院门。

鼓楼建筑结构为上下两层，重檐3层。正面为7间，进深3间，四周回廊深度各为1间。按檐柱距离计算，正面则为9间，侧面为7间，即古代建筑中俗称的"七间九"。屋面覆盖以剪边灰瓦，楼基除两端尾外，不加其他装饰，却尽显出雄浑和庄严。

鼓楼的构造技术，在应用了唐代风格、宋代建筑法则的基础上又有不少创新。全楼结构无一铁钉，楼檐和平座都使用了斗拱构造原理，外观楼体雄健宏大、古雅优美，极富浓郁的民族特色。屋顶是我国古

重檐 在基本型屋顶重叠下檐而形成。其作用是扩大屋顶和屋身的体重，增添屋顶的高度和层次，增强屋顶的雄伟感和庄严感，调节屋顶和屋身的比例。因此，重檐主要用于高级的庑殿、歇山和追求高耸效果的攒尖顶，形成重檐庑殿、重檐歇山和重檐攒尖3大类别。

■ 西安钟楼

代建筑之冠冕。

早在汉代，劳动人民就创造出多种如庑殿、歇山、悬山、攒尖等形式的屋顶。在封建社会里，屋顶有着严格的等级制度，重檐即是统治阶级为提高他们的尊严和权威而独占的一种形式。

重檐庑殿为最尊，如故宫太和殿；重檐山次之，如天安门。鼓楼的屋顶形式即"歇山顶"式，与天安门等同，但比其还高出1米。

古代的建筑彩绘同样也有等级之分，和玺彩绘为第一等；旋子彩绘次之；苏式彩绘则位居第三。

鼓楼上分别使用了和玺彩绘和旋子彩绘，并绘有沥粉金龙。这些装饰的陪衬，使鼓楼金碧生辉、富丽堂皇。

西安鼓楼是明代建筑中仅次于故宫太和殿、长陵棱恩殿的一座大体量的古代建筑，而且在我国同类建筑中年代最久、保存最完好，无论从历史价值、艺术价值，还是科学性方面都属于同类建筑之冠。

阅读链接

景云钟铸于711年。用铜锡合金铸成，铸造时分为5段，共26块铸模，钟体可见铸模痕迹。钟形上锐下侈，口为六角弧形。钟身有可调节音律的"蒲牢"形钟乳32枚，钟声纯美优雅，清脆洪亮。

钟身周围铸有纹饰，自上而下分为3层，每层用蔓草纹带分为6格，共18格。格内分别铸有飞天、翔鹤、走狮、腾龙、朱雀、独角独腿牛等图案，四角各有4朵祥云，显得生动别致。钟身正面有骈体铭文一段，字体为稍参篆隶的楷书。此铭文由唐睿宗李旦亲自撰文并书写，内容是宣扬道教教义，阐述景龙观的来历、钟的制作经过以及对钟的赞扬，是李旦传世极少的珍贵书迹，故此铭文为研究书法史者所珍视。

独特神韵

　　三秦大地历史悠久，人杰地灵，千百年来，勤劳的人们创造了辉煌灿烂的精神文明和物质文明。一方水土养一方人，蓝天黄土的自然环境孕育了三秦文化。

　　这里保存了许多有着久远历史的根植于黄土高原上的非物质文化，如形式多样的陕西曲艺、民间舞蹈，相传久远的安塞腰鼓、秦腔……

最耀眼的陕北说书艺术

陕北说书是西北地区十分重要的曲艺形式，主要流行于陕西北部的延安和榆林等地。其唱词生活气息浓厚，通俗易懂，曲目内容多以"奸臣害忠良，相公招姑娘"为主，唱腔激越、粗犷，具有浓郁的陕北风情。

陕北说书源远流长，三皇治世时期便有传说：

很久以前，有个老汉有3个儿了，长大以后都给人家当了奴隶。大儿子叫大黄，让奴隶主给剁了一只手。二儿子叫二黄，他的一条腿被打坏了。三儿子三黄的眼睛被扎瞎了。

兄弟三人流落到陕北青化县，以

乞讨为生。一天大黄拾到了两片烂木板，敲打着说些吉利话，主人便赐给他们一些残汤剩饭。

有一次人家吃羊，他们捡来羊肠子，晒干绷在木板上就弹出了声音。后来他们弟兄三人自制了琵琶，从此相互配合，边打、边唱、边弹。

就这样过了十几年，有一天，二黄心想要是大哥去世了谁来敲梆子，他灵机一动，干脆把木板绑在腿上，自打、自弹、自唱。后来老大、老二去了山西临县一带，老三却留在了陕北。

■ 说书塑像

老三婚后生了5个儿子，并将弹琵琶的技艺授给了他们，大儿子成家后收了36个徒弟，将三弦传给了18个徒弟，并且在榆林安了家，把三弦、莲花落、琵琶的技艺传给了后人。

陕北说书源于周代瞽人的"百戏"与"散乐"，加上民间音乐的沃土而形成的；吸收了隋唐"俗称"与"转变"的精华，继承了"话本""陶真"与各种技艺的格体；在元、明、清发展成熟。

陕北说书的传统表演形式是艺人采用陕北方言，手持三弦或琵琶自弹自唱、说唱相间地叙述故事。根据伴奏乐器的不同，或称"三弦书"，或称"琵琶书"。

曲艺 是中华民族各种"说唱艺术"的统称，它是由民间口头文学和歌唱艺术经过长期发展演变形成的一种独特的艺术形式。据不完全统计，在我国民间的各族曲艺曲种约有400个。曲艺作为我国最具民族民间色彩的表演艺术，在我国整个的文艺发展史上，占有十分重要的地位。

后来，陕北说书发展成一人同时用大三弦或琵琶、梆子、耍板和小锣或钹5种乐器进行伴奏的曲艺说书形式。

陕北说书的曲调比较丰富，风格激扬粗犷，素有"九腔十八调"之称，其中常用的有"单音调""双音调""西凉调""山东腔""平调""哭调""对对调""武调"等。

陕北说书书词的曲调很多。除了艺人们特有的开场白或特定的唱词外，几乎不加任何限制，可以由艺人任意发挥。

好的民间艺人在唱词中大量引用陕北民歌、陕北道情、陕北秧歌剧、陕北碗碗腔，甚至秦腔、眉户、蒲剧、晋剧、京剧的曲调，可以说是集各种唱腔于一体，加以冶炼，然后形成一种别具一格的唱词。

陕北说书的传统节目很多，长篇代表性的有《花柳记》《摇钱记》《观灯记》《雕翎扇》等，短段有《张七姐下凡》等。

被称为陕北民间艺术中最耀眼的技艺之一的"陕北说书"，在厚重的文化积淀和滋养下，具有独特的艺术风格，是我国曲艺艺术中不可或缺的一部分。

阅读链接

关于陕北说书还有一个传说：三皇治世时期，皇帝得一子，自幼双目失明，不幸得怪病死了，皇帝就将他弃于荒野。

没想到的是，皇子3日后死而复生，眼睛也恢复了光明。只见身旁的一棵大树洞上，爬有一只两三尺长的蝎子，树枝上织有一张蛛网，一瞬间这只蝎子变成了琵琶，蛛网变成了弦索。

此后，皇子被一个老头儿收养。不久，皇帝得知此信，急令朝臣将儿子和老头儿一起召回朝廷。数日后知道老头儿通晓五音，知晓阴阳八卦之术，便让他给儿子传授琵琶和音律。

几年后皇帝病逝，皇子继承了皇位，并封老头儿为朝中乐官，此后便有了琵琶说书传于后世。

独具魅力的安塞腰鼓

安塞，地处陕北高原腹部，地域辽阔，沟壑纵横，延河在境内蜿蜒流过，与子长、延安、甘泉、志丹和北边的靖边毗邻。

安塞历史上就是军事重镇，素有"上郡咽喉""北门锁钥"之称，

■安塞腰鼓

是抵御外族入侵的边防要塞之一。

据传说，早在秦、汉时期，腰鼓就被驻防将士视同刀枪、弓箭一样不可少的装备。遇到敌人突袭，就击鼓报警，传递讯息；两军对阵交锋，以击鼓助威；征战取得胜利，士卒又击鼓庆贺。

随着时间的流逝，腰鼓从军事用途逐渐发展成为当地民众祈求神灵、祝愿丰收、欢度春节时的一种民俗性舞蹈，但在击鼓的风格和表演上，继续保留着某些秦汉将士的勃勃英姿。

安塞腰鼓融舞蹈、歌曲、武术为一体，表演刚劲豪放，气势宏大，色彩鲜明，热烈喜庆，给人一种强大的艺术震撼。被誉为"中华鼓王""东方神鼓""东方第一鼓""中华民族之鼓魂"。

安塞腰鼓多采用集体表演形式，腰鼓手少则数十人，多时可达百余人。队伍包括拉花女角、伞头、蛮

鼓 在远古时期，鼓被尊奉为通天的神器，主要是作为祭祀的器具。在狩猎征战活动中，鼓都被广泛地应用。鼓作为乐器是从周代开始。周代有八音，鼓是群音的首领，古文献所谓"鼓琴瑟"，就是琴瑟开弹之前，先有鼓声作为引导。鼓的文化内涵博大而精深，雄壮的鼓声紧紧伴随着人类，远古的蛮荒一步步走向文明。

古朴秦川

三秦文化特色与形态

■ 安塞腰鼓表演

婆、蛮汉等角色，和"跑驴""水船"等各种小场节目组成浩浩荡荡的民间舞队。

在表演上强调整体效果，要求动作的整齐统一和队形变化的规范性，主要通过鼓手们豪迈粗犷的舞姿和刚劲有力的击鼓技巧，充分展现生息在黄土高原上的男子汉们的阳刚之美。

安塞腰鼓有完整的表演程式和活动习俗。过去，多在喜庆节日和庙会中演出，每年的春节至元宵节，是集中的活动时间。

活动开始前，要由庙会会长先组织祭祀活动，称"谒庙"：舞队在伞头的带领下，敲起锣鼓，吹着唢呐，有时还要抬着整猪整羊和其他供品前去寺庙烧香敬神，祈求神灵保佑风调雨顺、国泰民安。并在庙内广场踢打一阵，意在娱神。

"谒庙"结束，正月初八九后，腰鼓队便开始了挨门拜年活动，俗称"沿门子"。当地有这样一句谚语："锣鼓唢呐直响哩，屁股底下棍撬哩!"

这时，腰鼓队按村中情况依次走串各家，在主家

庙会 又称"庙市"或"节场"，是中华文化传统的节日风俗。早期庙会仅是一种隆重的祭祀活动，随着经济的发展和人们交流的需要，庙会就在保持祭祀活动的同时，逐渐融入集市交易活动。各地区庙会的具体内容稍有不同，各具地方特色。

土地神 即土地爷。在道教神系中地位较低，专业名称为"福德正神"。在民间信仰极为普遍，是民间信仰中的地方保护神，流行于全国各地，旧时凡有人群居住的地方就有祀奉土地神的现象存在。土地神崇奉之盛，是由明代开始的。土地神的形象大都衣着朴实，平易近人，慈祥可亲，多为须发全白的老者。

院中、窑前表演一阵，伞头根据各家情况，触景生情演唱几段吉利秧歌，以表贺年之意。主家则认为腰鼓队进院入户敲敲打打、跳跳唱唱，可以消灾免难、四季平安。

有时两队腰鼓在途中相遇，一般都由伞头互唱秧歌，共贺新年，让道而行，但有时也会出现互不让道的情况，此刻就要竞技赛艺，争个高低。

两队锣鼓大作，唢呐声、腰鼓声，好似春雷滚动。鼓手们尽情击打、跳跃，如疯似狂，打至高潮，鼓乐暂息，由双方伞头出场对歌，这也是竞赛技艺的一个方面。直至有一队阵角先乱，动作不齐，鼓点、队形也都统一不到一块或对歌对答不上时，就算输了，于是主动让道，让胜者先走。

"沿门子"结束后，邻村之间的腰鼓队还要互相拜年，彼此互访，进交行流演出，这和陕北秧歌一

■ 安塞腰鼓表演

样，称"搭彩门"。

正月十五时，各村腰鼓队云集广场，开始了互比互赛活动。各路鼓手各显身手，互比高低，成为一年里腰鼓表演的高潮。

这不仅活跃了农村春节文娱活动，还通过彼此观摩、切磋技艺、推动了腰鼓的普及和提高。当晚还要举行"转灯"，几乎是人人争游，阖家同转。届时鼓乐齐鸣，灯光闪烁，腰鼓队在前引导，众人随后，呈现出一派热闹非凡的景象。

腰鼓队的活动常延续到正月十七八，祭罢土地神后方告结束。

腰鼓的表演形式可大致分为"路鼓"和"场地鼓"。

"路鼓"是腰鼓队在行进中边走边舞的一种表演形式，前由两名伞头领队，后随由挎鼓子和拉花组成的舞队。

伞头身后紧随的一位挎鼓子，称"头路鼓子"，他必然是技艺精湛的击鼓能手，全队的动作变换和节奏急缓，统一由他来指挥。

队伍的后部，是扮成蛮婆、蛮汉的丑角，也有的扮成孙悟空、猪八戒等，随意扭动，逗笑取乐，以增添节庆的欢乐气氛。

跑驴 是一人执驴形道具扮骑驴妇女，另一人扮赶驴人的双人社火舞蹈。跑驴一般都是表现一对农村新婚夫妻在回娘家的路上，过沟、爬坡、驴惊、抢救等经过，有说有唱有舞，诙谐风趣。跑驴主要伴奏乐器有唢呐、小鼓、大钹和小钹等，乐曲常选用冀东唢呐曲《满堂红》。

"路鼓"由于在行进中表演，一般动作简单，幅度较小，多做"十字步""走路步""马步缠腰"等动作。常用的队形有"单过街""双过街""单龙摆尾""双龙摆尾"等。

"场地鼓"是指腰鼓队到达表演地点，打开场子后的表演形式。开始时由伞头挥伞号令，顿时鼓乐齐鸣，众舞者随伞头翩翩起舞。

这一段叫"踩大场"，表演节奏缓慢，目的是打开场地，拉开队伍。第二段载歌载舞，表演节奏渐快，动作幅度较大，队形变化繁多。常用的队形有"神楼""古庙""神前挂金牌""富贵不断头""和尚游门"等。到引出"太阳弧"图案后，伞头站到场中央领唱秧歌，唱词视场合和对象而定。

"谒庙"时，有拜庙祭文；一般演出有向观众拜年问好的，也有喜庆丰收和祝愿吉祥等内容。伞头唱

■ 安塞腰鼓表演

■ 安塞腰鼓表演

时，众舞者在场边慢步转圈，并重复接唱每段的最后一句，俗称"接后音"。

唱完后，伞头退出场地，由挎鼓子和拉花入场表演，走出各种复杂多变的队形。此刻不受时间的限制，舞者尽情表现各自的技艺绝招，情绪热烈，起伏跌宕，使表演达到高潮。

为了突出挎鼓子的技巧，表演"场地鼓"时由挎鼓子在场内单独表演。众鼓手在头路鼓子的指挥下，精神振奋，击鼓狂舞，此时只见鼓槌挥舞，彩绸翻飞，鼓声如雷，震撼大地，声势逼人，极富感染力。

这一段结束后，再穿插表演其他形式的小场节目，如"跑驴""水船""高跷""二鬼打架""大头和尚"等。

小场节目结束后，再接着表演一段大场腰鼓。此

水船 是由一名划船艄公，一名挎道具水船的坐船女子，二人载歌载舞表演的春节社火或民俗集会船舞。流传于陕北各地，其亚舞种有《跑旱船》《耍水船》《搬水船》《跑船》。伴奏由吹鼓乐和歌唱交替进行。吹鼓乐曲目有《清水令》等，歌曲有《跑旱船》《好好扳来力出足》《船夫调》等。

刻锣鼓敲得快，唢呐吹得紧，击鼓更激烈，情绪更欢快，使整场表演在强烈的气氛和高昂的情绪中结束。

安塞腰鼓依据不同的风格韵律原有文、武之分，"文腰鼓"轻松愉快、潇洒活泼，动作幅度小，类似秧歌的风格；"武腰鼓"则欢快激烈、粗犷奔放，并有较大的踢打、跳跃和旋转动作，尤其是鼓手的腾空飞跃技巧，给人们以英武、激越的感觉。

安塞的西河口乡与真武洞两地腰鼓最有特色。生动地反映了当地群众憨厚、淳朴的气质和性格特征。特别在表演中，又有机地糅合了民间武术和秧歌舞动作，有弛有张、活而不乱，进退有序、气势磅礴、浑厚有力。被赞之为"式子慷慨码子硬"。

安塞腰鼓是一种非常独特的民间大型舞蹈艺术形式，具有2000年以上的历史。独具魅力的安塞腰鼓像掀起在黄土地上的狂飙，展示出西北黄土高原农民朴素而豪放的性格，张扬出独特的艺术个性。

阅读链接

安塞腰鼓在表演活动中有大鼓、喇叭等乐器伴奏，融打击乐、吹奏乐为一体。

打击乐在腰鼓活动中起着指挥、领衔的作用，腰鼓表演时的快慢起伏都通过打击乐控制。打击乐包括大鼓、大镲、小镲、锣、小锣等。

安塞腰鼓以大鼓为指挥，腰鼓的鼓点和大鼓的鼓点相一致，其他乐器则起辅助或填补主导打击空白的作用，和腰鼓鼓点相统一，渲染气氛。打击乐通过队员动作和所布图案来控制表演动作，达到有起有伏、节奏有序的目的。

安塞腰鼓的伴奏乐器主要是唢呐，唢呐声音洪亮、圆润、质朴，与腰鼓的击打声协调一致，起到相映生辉的作用。腰鼓小场表演时，特别是打文鼓时，在一定场合，其他乐器全停，由唢呐单独演奏，腰鼓队员边打边扭，别有一番风趣。

绚丽多姿的民间舞蹈

陕西民间舞蹈形式多样，绚丽多姿。长期扎根于民间，世代流传，具有农耕文化特征，鲜明的民俗祭祀属性，加之原始舞蹈、百戏、军阵乐舞及宋元杂剧的影响，形成了多种不同的艺术风格。

陕北秧歌是陕西最有代表性的一种民间舞蹈。每逢春节和元宵节前后，陕北各地村村闹秧歌。秧歌队由伞头带领，在锣鼓唢呐的伴奏声中，以踢场子、霸王鞭、跑毛驴、腰鼓、龙灯、高跷、水船、狮子等组成综合性的民间歌舞队，挨门拜年，搭彩门，踩大场，与火塔塔、转九曲结合起来，尽兴玩乐。

踢场子是陕北群众最喜爱的一种舞蹈形式。绥德、米脂、佳县、吴堡、清涧、子洲最为流行。

■陕北秧歌

脸谱 是我国戏曲演员脸上的绘画，用于舞台演出时的化妆造型艺术。脸谱的产生有着悠久的历史。脸谱起源于面具，脸谱将图形直接画在脸上，而面具把图形画在或铸在别的东西上而后再戴在脸上。在我国古代，祭祀活动中有巫舞和傩舞表演，舞者常戴面具。

■ 高跷表演

踢场子以两人场子为主，也有3人、8人、10人的。两人场子多表现男女爱情；3人场子有反映旧社会富豪之家大小老婆争风吃醋的情节。两人场子多分为软场子即文场子，又称姻粉场子，表演动作细腻，含情脉脉，以欢快、活泼的格调为主。

硬场子即武场子，男角表演具有武术动作，刚健有力，英武活泼。丑场子又称老人场子，具有诙谐、幽默、滑稽、风趣的喜剧色彩，往往是陋而不俗，丑中见美。

高跷流行于陕西很多地区，关中地区称"柳木腿"，陕北地区称"高跷秧歌"。舞者扮成各种人物，手持道具，双脚踩着木跷，高者三五尺，低者尺余，边跳边押。表演形式有集体对舞的大场和两三人表演的小场。

高跷以表演传统戏曲人物的造型为主。在踩木跷之前，按剧中人物造型，画好脸谱，穿上戏剧服装，踩上木跷，按剧组分类，以锣鼓、唢呐伴奏，吹吹打打列队行进。

剧目有《三回头》《柜中缘》《花亭会》《二进宫》《桃园三结义》等。商县、黄陵有两人表演的"三条腿"高跷，铜川有两腿绑在一起的"单腿"高跷，眉县、勉县有高跷跑驴、高跷狮子、高跷抬轿、高跷叠罗汉等。

狮子舞在陕西各地普遍流行。洛川县有文狮子，临潼县有武狮子，南郑县有高台狮子，旬阳县有火狮子，户县有爬狮子。

表演狮子舞者，一手拿拂尘，一手拿"天官赐福"的红布引逗。可以表演爬梯、上桌等舞狮的动作，还可以破阵。

阵分两种，一是有人物、有故事、有情节的哑剧节目，如《懒婆娘抢场》《美女梳头》《秀女进厨房》《二女闹书房》《捉跳蚤》等；也能演历史故事折子戏，如《大舜耕田》《十八罗汉》《诸葛亮夜观天书》《敬德说马》《状元祭塔》《伯牙奉琴》《吕蒙正赶斋》等。

另一种是破字阵，即让狮子猜谜，属于民间智力测验游戏。狮子队到各家拜年时，主人要摆几件物品，让笑和尚引狮郎，在表演中猜出其意。

如场地摆一个火盆架子、一片生姜、站立一个小孩，放上一张画，再用小板凳摆个山字。笑和尚很快就会猜出寓意"江山如画"。主人认为猜中了，就立即取出一个红包奖赏。如果一时猜不出，就得继续表演。

龙灯舞是陕西民间舞蹈形式之一。在氏族部落时期，各部落均有自己崇拜、信仰的图腾，以黄帝和炎

■ 狮子舞

诸葛亮 （181年—234年），三国时期蜀汉丞相，杰出的政治家、军事家、散文家、书法家、发明家。其散文代表作有《出师表》《诫子书》等。曾发明木牛流马、孔明灯等，并改造连弩，叫作诸葛连弩，可一弩十矢齐发。

板凳龙 一种舞龙运动，又称梅竹灯。相传源于汉代，由"舞龙求雨"的宗教活动演变而来。龙舞还有"干龙""湿龙"之分，"干龙"多为娱乐，"湿龙"则为求雨。舞动时按照规定套路，合着鼓点，有规律、有节奏地舞出各种花样。

帝部落组成的华夏民族，共同崇拜的图腾是龙和凤。

龙舞，以艺术夸张的手法和优美的舞蹈动作，表现"腾空飞舞""入海翻腾""腾云驾雾"等，活灵活现，给人们以美的享受。龙头、龙身、龙足、龙尾，分别由鹿角、狮口、虎眼、鹰爪、鱼鳞、鱼尾等组合而成。

陕西的龙灯舞，有三原的"筒子龙"、蓝田的"双龙"、户县的"地龙"、旬阳的"火龙"、汉中的"彩龙"、勉县的"五节龙"、南郑的"水龙"，以及陕南各地的"板凳龙"、小孩玩的"香龙"等。

船舞是陕西民间舞蹈形式之一，其特点是载歌载舞，它在唐代乐池中就出现过类似的形式，宋代歌舞队中称"地行舟""旱龙船"。陕西的彩篷船、商县的双人花船、三原的母子船、勉县的老鸦船、周至的转船等，都是边舞边唱。

■ 龙舞表演

■ 龙舞表演

鼓舞在陕西民间舞蹈中流传最广，形式最多，计40多种。有用于祭祀的略阳羊皮鼓，华阴背花鼓，宁强羊角鼓、山大鼓、八仙鼓、老鼓，合阳摺鼓；有用以驱邪的合阳上锣鼓、十面锣鼓。

还有反映征战军旅生活的洛川蹩鼓、神社鼓；有反映庆典的牛拉鼓、韩城百面锣鼓；有反映劳动生活情趣的勉县对鼓、靖边踢鼓、宜川胸鼓、洛川花鼓、临潼牛拉蹩鼓、黄陵抬鼓。

表现古代乐舞的有大荔的南刘锣鼓，合阳五支梅花鼓、三园鼓。表演历史人物故事的有华阴素鼓，大荔花苦鼓，等等。

"蛟龙转鼓"是陕西民间民俗活动的独特项目。它流行于乾县王村乡一带，以其粗犷豪放、完整优美的色彩和表演，成为闻名遐迩的民间打击乐艺术活动。

蛟龙 蛟和龙是不同的生物，蛟龙是蛟和龙交而成。虽然都有强大的力量，却一正一邪，有本质不同。龙则是我国传说中的一种善变化、能兴云雨、利万物的神异动物，为众鳞虫之长，四灵之首。龙在神话中是海底世界的主宰，在民间是祥瑞象征，在古时则是帝王统治的化身。

鼓舞

　　据传，明代大王村一个叫梁梅的宦官，1593年告老还乡，曾组织过多种娱乐活动，其中"蛟龙转鼓"就是他亲自教习的。

　　数百年来，这个传统节目，扎根于民间，完善于民间，历久不衰。每年到正月十三，大王村各锣鼓队，从各条街道边打边行，最后会集于村东"三义庙"前，对阵擂打，热闹非凡。

　　"蛟龙转鼓"乐队一般有6锣、7鼓、14铙，另有两人吹长号，一人指挥，共30人。乐器以饰有"蛟龙"图案的大鼓为主，打时常有跳跃、旋转等象征"龙腾虎跃"的舞蹈动作，故名"蛟龙转鼓"。

　　其具体打法，分坐鼓、转鼓两种。坐鼓演奏时，鼓在前排，锣插其间，铙在后排，号排两边；转鼓演奏时，鼓摆成梅花形，铙、锣、号均成弓形站在后排。

　　全乐鼓分3段：首先，长号引鸣，随后锣鼓响应，若"蛟龙"摆头，渐露水面，故称"蛟龙出海"；第二段为"潮"，擂鼓者按节拍舞动擂鼓，当此时，人在跳跃、旋转，鼓槌和铙上下翻飞，乐队如月，"蛟龙"狂舞，故称"蛟龙翻背"；第三段，节奏渐缓，乐声平和，称"蛟龙入宫"。

"蛟龙转鼓"音调高亢粗犷，节奏激烈紧张，具有振奋人心、激励向上的气魄，表现乾县民俗激昂豪放的气概，与其他民间鼓乐的《风搅雪》《十样景》《闪电铙》相比，独具风格。

流行于陕西扶风的民间舞蹈"云朵"，源自汉代汉族节日游艺，因小巧灵活，便于制作，便代代相沿。表演时，参与的青少年男女，均按古代人物扮演，穿红绿不等，但成双成对，多至数百人，步踏乐曲，翩翩起舞。每个扮演者，脚面上结扎一个横形梅花状彩云，手执火把或花扇，碎步前行，如仙女驾云而舞。"云朵"是群体舞蹈，演出时按广场、路途、白天、黑夜等情况区分。

在广场演出，其套数有"掏八字""雁南归""扑四门"等；平时演出，按一般舞蹈表演进行。各种表演，都有锣鼓伴奏，并配合龙灯、竹马、狮子等项目。

阅读链接

载歌载舞是民间舞蹈中常见的一种形式，边唱边舞。

这类民间舞蹈在陕西有韩城秧歌，渭华秧歌，商洛花鼓，安康小场子，汉中端公戏，西乡地围子，旬阳跑场花鼓，汉阴地蹦子，陕北二人台、对子秧歌、三才板，宝鸡笑谈，宁强阳平的二人场子，西安的秧歌底子，户县的跳缘歌，等等。

多是一旦一丑登场表演，未形成严格的表演程式，多以当地的山歌、民歌、小调演唱。

一戏一曲，一曲到底，没有弦乐伴奏，只用锣鼓烘托情绪或进行间奏。有较完整的舞段。以戏剧性表演为主，有故事、有情节、有人物、有矛盾，但都比较简单，没有大的本戏。

备受瞩目的陕西文学

　　陕西文学起源于西周。周公制礼作乐，收集民歌，建立献诗制度。春秋中叶，集成我国第一部诗歌总集《诗经》。其中不少名篇产生在陕西。

　　《生民》叙述周人祖先后稷的诞生，《公刘》写公刘率族人由邰迁至豳地的伟大功绩，《绵》描写了周人由豳至岐的迁徙。"周颂"是西周王朝的祭歌。"周颂"和部分"雅"诗产生于镐京。

■ 古籍《周易》

　　在散文方面，《周易》是一个起点很高的开端。内容丰富，其中的卦爻辞比甲骨文记事大大前进了一步，是我国文学从占卜语录向记叙文的演进。

　　秦朝是我国历史上第一个中央集权制封建王朝。秦

■ 《诗经》

大一统的局面为文学的发展提供了新的契机。真正对后世文学有影响的作家李斯，他所作《谏逐客书》为传世名篇。

汉朝在很长一个时期内，政局安定，经济繁荣。长安及畿辅地区藏书丰富，学者云集，学术气氛浓厚。文化政策宽松，文学创作活跃。

贾谊的《过秦论》、晁错的《论贵粟疏》等，已独立成篇，且成为更趋成熟的政论文，尤其是司马迁的《史记》和班固的《汉书》，不仅是旷世史书，也是文学作品中的经典著作。

赋，是汉代文学的主要形式。汉代陕西辞赋大家有司马迁、刘向、刘歆、班彪、班固、杜笃和傅毅等。西汉末年，辞赋衰落，民歌兴起。从思想内容和艺术形式看，汉民歌是新兴的现实主义文学。后来五言诗从民歌中衍化而生，成为文学发展的主流。

公刘 北豳人，古代周人部落首领，为周先祖不窋孙、鞠陶子，周文王姬昌的祖先。鞠陶死后，公刘立。公刘忠诚厚道，笃爱人民，勤劳刚毅，文武兼备，是一位具有政治远见、经济头脑、组织才能的古代英雄。

五言诗 古代诗歌体裁。是指每句5个字的诗体，全篇由五字句构成的诗。五言诗可以容纳更多的词汇，从而扩展了诗歌的容量，能够更灵活细致地抒情和叙事。初唐以后，产生了近体诗，其中即有五言律诗、五言绝句。

魏晋南北朝时期文学走向自觉的时代，骈、散文分立，散文受到骈文的排挤而退居次要地位。骈文文饰过重，不利于思想感情的自由表达和文章社会功能的充分发挥，最后成为文学发展的障碍。

544年，武功人苏绰奉宇文泰之命，打算革除晋代以来文章浮华之弊，仿《尚书》作《大诰》，对后世文风变化有一定影响。当时，傅玄、杜预、傅咸、苏蕙和僧肇等是陕西较有影响的作家。

隋朝统一全国，年代不长，但颇有文章。统治者爱好文学，对当朝文学的繁荣与发展起了很大作用。生于华阴的杨广、杨素均有佳作传世。

唐朝是我国封建社会的鼎盛时期。在文学领域中，诗歌、散文、传奇、词曲并行，取得了辉煌的成就。当时，长安成为全国的文化中心。

唐代在文学史上是一个诗的时代，文人墨客遗留下来的诗文作品极其丰富，当时产生的唐诗有4.9万

■ 初唐四杰中王勃、杨炯、骆宾王塑像

余首，诗人2900多人；文章2.28万余篇，作者3500多
人。文章作者与诗作者互见者近700人。

■ 唐代诗人杜甫与
李白蜡像

　　唐初的诗作是在与梁陈以来淫靡的宫体诗风的抗
争中逐渐成长起来的。杨炯等"初唐四杰"已不满足
"上官体"的固定格式，有感而发，大胆抒写自己的
生活感受，作品的生活内容和意境风格也有了很大提
高，为唐诗的进一步发展开辟了广阔的天地。

　　至开元、天宝年间，诗人辈出。王昌龄等倾向于
边塞生活与风光的描写；孟浩然、王维等则偏重于山
水田园生活的讴歌。

　　题材多样，内容丰富，形成了不同的流派。伟大
诗人李白曾两度来长安，创作了不少流传千古的名
篇。杜甫的诗作反映了安史之乱前后20年间广大人民
的生活与思想感情，并细致地描绘了祖国的大好河
山。杜甫之后，诗坛上声望较高的陕西诗人有韦应

　　《大诰》 是周
公姬旦所做的战
前动员文告，是
当时的实录，具
有很高的史料价
值，谈话曾多次
运用形象、贴切
的比喻，说理透
彻、生动，又很
质朴，有很强的
说服力；字里行
间无不浸透着周
公那诚挚、深厚
的满腔赤诚。它
闪耀着实事求是
的古朴光芒，代
表了早期先秦散
文的艺术成就。

■ 柳宗元（773年—819年），字子厚，世称柳河东、河东先生、柳柳州、柳愚溪。生于唐代河东郡，即今山西省永济县。著名杰出诗人、哲学家、儒学家乃至成就卓著的政治家，"唐宋八大家"之一。他把古代朴素唯物主义无神论思想发展到了一个新的高度，是中唐时代杰出的思想家。

物、白居易、元稹、杜牧等。

贞观年间，以魏徵为代表的一批文臣写了许多直言极谏的文章。杨炯怀才不遇，文章另有一种愤世嫉俗的风格。武则天统治时期，只有陈子昂一人，独辟蹊径，开一代新文风。

安史之乱后，经肃、代、德宗三代，文人或忧世愤世，或有行道用世之志、兴利除弊之心，产生了韩愈、柳宗元、杜牧等大家。

贞元、元和间，韩愈、柳宗元等倡导的古文运动，得到了众多文人的拥护和响应，对唐末、宋元以至明清的文风影响深远。

唐代传奇小说，内容多传述奇闻逸事。较之魏晋南北朝小说，唐传奇在形式和内容上都有很大转变。许多名篇都出自陕西人之手，如白行简《李娃传》、皇甫枚《三水小牍》、苏鹗《杜阳杂编》、杜光庭《虬髯客传》、严子休《桂苑丛谈》等。

曲子词 源自民间，经刘禹锡、白居易等诗人的引用和规范，到宋朝初期，曲子词形成了相对固定的格律，演变为宋词。再经苏轼、辛弃疾等人大力拓宽其题材范围，宋词进入辉煌时期。

唐、五代时期，民间文学进一步发展，出现了曲子词、变文等形式。唐温庭筠，五代庄、韦冯延等成就较高。作为文化大都市的长安，是这两种艺术形式产生和发展的重要园地。

宋、元、明、清时期的陕西文学，继承了唐代文学遗风，谱写了具有时代特色的作品。传世作品约有300多种，作者队伍、作品数量虽不能和前代相比，但都程度不同地反映了这一时期陕西的社会面貌、风土人情等。

在诗歌与散文方面，有宋代李涛的《蒙泉诗稿》、魏野的《东观集》、李鹰的《济南集》、寇准的《寇忠愍公诗集》等。

南宋时期陕西关中一带已为金兵占领，文学作者及其作品有冯翊人党怀英的《竹溪先生诗文集》、蒲城人张建的《兰泉老人集》、咸阳人萧贡的《萧贡文集》等；元代有奉天人杨焕的《还山遗稿》、郃阳人支渭兴的《龙溪诗集》等。

另外，这一时期陕西的词类作品惹人注目，主要作者及其作品有宋代鄜州人张舜民的《画曼词》、韩城人张升的《离亭燕》、长安人杜安世的《寿域词》等；金代冯翊人党怀英的《竹溪词》等；元代奉先人李庭的《寓庵词》、坊州人雷瑎的《商歌》等。

明代时陕西文坛出现了复兴迹象，明代中期以诗、文、杂剧称雄文坛的"前七子"中，就有李梦阳、王九思、康海等。明代陕西有作品传世者近百人，其作品约有240余种。当时的诗歌、

寇准（961年—1023年），北宋著名政治家、彪炳青史的名相。寇准以甲科进士入仕，先授大理寺评事、知县事，后多次擢升，直至参知政事、同平章事。为官清廉，不拘节微而善谋大事。在地方以民为本，政绩卓著；在朝廷辅佐皇帝安邦治国。寇准善诗能文，七绝尤有韵味。

141

民间风采

独特神韵

■ 寇准画像

古朴秦川

三秦文化特色与形态

散文对后世都有一定影响。

明代陕西诗歌呈现浑厚、淳朴的秦地瓦缶声韵。朝邑韩邦奇的诗歌、汉中洵阳人张凤翔的《伎陵集》、秦人孙一元的《太白山人诗选》、渭南人南大吉的《瑞泉集》、三原人张原的《玉坡集》、咸宁人刘储秀的《西陂诗选》、杜陵人张治道的《张太微诗集》、白水人王俶的《彭衙诗集》、耀州人乔世宁的《乔三石诗选》等，都是明代陕西乃至全国文坛上引人注目的作家与作品。

明代的陕西散文作品数以百计，主要作者及其作品有：三原县王恕的《王端毅公文集》、高陵县吕楠的《十四京游记》、三原县马理的《溪田文集》、武功县康海的《康对山文集》、户县士九思的《渼陂集》、三原王承裕的《少保王康僖公文集》等。

清代陕西文学继续从民间文学中汲取营养，有了很大发展。有传世作者百余人，传世作品约200多种。作者和作品数量均超过前代。

清代诗文集作者及其代表作有：三原孙技蔚

的《溉堂集》、富平李因笃的《绶祺堂集》、合阳康乃心的《莘野集》与王又旦的《黄湄集》、户县王心敬的《沣川集》、蒲城屈复的《弱水集》、武功张文熙的《山解谷诗集》、泾阳张恂的《樵山堂诗集》、宜君刘尔举的《雪石堂诗草》、咸宁杭温玉的《息存诗吟》、华州王志洊的《琗山房诗稿》、泾阳雷士俊的《艾陵诗钞》等。这些诗文集均为时人所喜爱。

阅读链接

清代陕西戏曲作品发展到了昌盛时期，其代表作家和作品有：长安王筠的《繁花梦》《会仙记》《全福记》等，安康于有声的《双帕缘》，蒲城崔向余的《碧玉钿传奇》。

尤其是渭南李芳桂，是当时陕西有名的戏曲作家。他的主要著作有《忙识字》《锄谷》《火焰驹》《万福莲》《春秋配》《白玉钿》《紫霞宫》《如意簪》《香莲佩》《玉燕钗》。

清代后期甘泉谢塈的《芙蓉山樵传奇五种》，即《十二金钱》《合浦珠》《血梅记》《黄河远》《绣帕楼》；三原周元昆的《杨孝子传》以及乾县范紫东的戏曲作品，对清代以来的陕西戏曲发展产生了重大影响。

被誉为"活化石"的秦腔

　　秦腔是起源于古代陕西、甘肃一带的古老剧种。因周代以来，关中地区被称为"秦"，秦腔由此而得名。因以枣木梆子为击节乐器，又叫"梆子腔"；因以梆击节时发出"恍恍"声，俗称"桄桄子"。

　　秦腔形成于秦代，精进于汉代，昌明于唐代，完整于元代，成熟

■秦腔《清风亭》场景

■ 秦腔《三滴血》
人物雕塑

于明代，广播于清代，几经演变，蔚为大观，堪称我国戏曲的鼻祖。

在清代乾隆年间，秦腔达到鼎盛。这个时期，全国很多地方都有秦腔班社，仅西安一地就有36个秦腔班社，如保符班、江东班、双寨班、锦绣班等。

秦腔的角色有"十三门二十八类"之说。老生分安工老生、衰派老生、靠把老生，须生分王帽须生、靠把须生、纱帽须生、道袍须生和红生，小生分雉尾生、纱帽生、贫生、武生、幼生，老旦，正旦分挽袖青衣、蟒带青衣，小旦分闺门旦、刀马旦，花旦分玩笑旦、泼辣旦、武旦，媒旦，大净，毛净，丑分大丑、小丑、武丑。

各门角色都有独特的风格和拿手戏。其表演技艺质朴、朴实、粗犷、细腻、深刻、优美，以情动人，富有夸张性，生活气息浓厚，程式严谨，技巧丰富。

老生 是戏曲中的行当名称，是生的一类。老生主要扮演中年以上的男性角色，唱和念白都用本嗓。老生基本上都是戴三绺的黑胡子，术语称"黑三"。还有花白的三绺胡子，专业名词是"苍三"。白色的三绺胡子叫作"白三"。还有就是整片满口的胡子，不分绺，术语称"满"。

■ 秦腔雕塑

身段和特技有趟马、拉架子、吐火、吹火、喷火、担子功、梢子功、翎子功、水袖功、扇子功、鞭扫灯花、顶灯、咬牙、耍火棍、跌扑、髯口、跷工、獠牙、帽翅功等。

秦腔的唱腔，宽音大嗓，直起直落，既有浑厚深沉、悲壮高昂、慷慨激越的风格，又兼有缠绵悱恻、细腻柔和、轻快活泼的特点，凄切委婉、优美动听。

秦腔唱腔包括"板路"和"彩腔"两部分，每部分均有欢音和苦音之分。

苦音腔最能代表秦腔特色，深沉哀婉、慷慨激昂，适合表现悲愤、怀念、凄哀的感情；欢音腔欢乐、明快、刚健、有力，擅长表现喜悦、欢快、爽朗的感情。

板路有"二六板""慢板""箭板""二倒板""带板""滚板"6类基本板式。彩腔，俗称二音，音高八

146

古朴秦川

三秦文化特色与形态

髯口 又称"口面"，是戏曲中各式假须的统称。又称"口面"。用牦牛毛或人发制成。早期的髯口似用细绳所拴，三绺髯、满髯都较短，紧贴面颊，接近写实。后来改用铜丝作挂钩，趋向夸张和装饰，式样上也逐渐丰富。

度，多用在人物感情激荡、剧情发展起伏跌宕之处。分慢板腔、二倒板腔、代板腔和垫板腔4类。凡属板式唱腔，均用真嗓；凡属彩腔，均用假嗓。

秦腔须生、青衣、老生、老旦、花脸均重唱，名为唱乱弹。民间有"东安安西慢板，西安唱的好乱弹"之说。

清末以前的秦腔，又叫西安乱弹，就是因其重唱而得名。其中有些生角的大板乱弹，长达数十句之多，如《白逼宫》中汉献帝的哭音乱弹，要唱50多句，讲究唱得潇洒自然，优美动听，民间称作"酥板乱弹"。

《下河东》的48哭，要排唱48句；《斩李广》的72个"再不能"，要排唱72句。花脸唱腔讲究"将音"和"嗷音"，调高难唱，能者则成名家。

秦腔曲牌分弦乐、唢呐、海笛、笙管、昆曲、套

青衣 是我国戏曲中旦行的一种，北方剧种多称青衣，南方剧种多称正旦。青衣在旦行里占最主要的位置，所以叫正旦。正旦表演上的特点是以唱工为主，动作幅度比较小，行动比较稳重。念白都是念韵白，一般不念散白，且唱工相当繁重。

■ 秦腔《斩李广》
人物塑像

曲6类，主要为弦乐和唢呐曲牌。

秦腔所用的乐器，文场有板胡、二弦子、二胡、笛、三弦、琵琶、扬琴、唢呐、海笛、管子、大号等；武场有暴鼓、干鼓、堂鼓、句锣、小锣、马锣、铙钹、铰子、梆子等。秦腔中最主要的乐器是板胡，其发音尖细清脆，最能体现秦腔板式变化的特色。

秦腔的脸谱讲究庄重、大方、干净、生动和美观，颜色以三原色为主，间色为副，平涂为主，烘托为辅，所以极少用过渡色。在显示人物性格上，表现为红忠、黑直、粉奸、神奇的特点。

格调主要表现为线条粗犷，笔调豪放，着色鲜明，对比强烈，浓眉大眼，图案壮丽，寓意明朗，性格突出，格调"火爆"，和音乐、表演的风格一致。

阅读链接

秦腔因其流行地区的不同，演变成不同的流派：

流行于关中东部渭南地区大荔、蒲城一带的称东路秦腔，即同州梆子，也叫老秦腔、东路梆子；

流行于关中西部宝鸡地区的凤翔、岐山、陇县和甘肃省天水一带的称西路秦腔，又叫西府秦腔、西路梆子；

流行于汉中地区的洋县、城固、汉台区、勉县一带有汉调恍恍，实为南路秦腔，又叫汉调秦腔、桄桄戏；

流行于乾县、礼泉、富平、泾阳、三原、临潼一带的称北路秦腔，即阿宫腔，亦称遏宫腔；

流行于西安一带的称中路秦腔，就是西安乱弹。

西路乱弹流入四川后，与川北的灯戏、高腔长期共处，互相融汇，又采用四川语言，便逐渐形成独具风格的四川梆子，即弹戏。

各路秦腔因受各地方言和民间音乐影响，在语音、唱腔、音乐等方面都稍有差别。

形式多样的陕西曲艺

　　陕西曲艺源自古代神话、传说、故事、笑话、民间歌谣和乐舞百戏，继承宋元说书、鼓子词、诸宫调、散曲的传统，经明清的再发展有了进一步繁荣。在多种曲艺形式中，静板书、陕南孝歌、榆林小曲、长武道情等最富有陕西地方特色。

■ 静板书

　　静板书主要流传于洛南县，又称洛南静板书或洛南说书、洛南三弦书。因以唱为主，不伴奏，乐器只奏过门，故名静板书。

　　静板书源于"劝善调"。由于各地方言语音不同，在流行过程中，形成了风格各异的东、西、北三路静板书。

东路静板书流行于三要、古城等地，为洛南说书时间较早的一路，演唱风格以悲哀见长，更接近于劝善调，人称侧调。

北路静板书较晚于东路，流行于零口、石坡、柏峪寺等地，曲调平而优雅故又名平调，民间亦有高调之称，即不悲伤不欢乐。

西路静板书流行于洛南县景村、八里村、庙坪等地，形成时间晚于北路，曲调欢乐流畅。

静板书所用乐器有三弦、板胡、大锣、小锣、铙钹、梆子、鼓板、云阳板等，以三弦为主奏。曲目内容有神话故事、历史故事和民间生活故事等。

陕南孝歌是陕南民间丧礼中的一种演唱形式，俗称"丧歌"，古称"挽歌"。它主要是陪伴灵柩过夜中演唱的长篇叙事性民歌。主要流行于汉中、安康、商洛三地以及沿秦岭北麓关中某些地区。

孝歌以唱为主，内容大多是反映民间传说和历史故事，褒奖孝行、弃恶扬善之类。也有群众口头即兴创作的孝歌。

静板书

唱孝歌时，用打击乐器一鼓一锣，也叫"打丧鼓"。孝歌的音乐内涵丰富、节奏千变万化，调性色彩对比强烈。

榆林小曲是流行于陕北榆林城内的一种清曲坐唱，也叫耍丝弦的。因演唱形式只限榆林，所以叫榆林小曲。唱词结构和民歌相似。其音乐分唱腔和器乐曲牌两部分。小曲演唱形式简单，轻便、灵活，不化装、不表演，不用舞台和道具，但必须有伴奏。

伴奏乐器主要有扬琴、琵琶、秦筝、三弦、京胡等，碟子是其唯一的打击乐器。

小曲内容以反映市民生活情趣为多，其中描述离愁别绪、男女情爱者占多数。

长武道情是流传于陕西长武县境内的一种宗教性民俗祭祀活动。以吟唱为主，一些段落带有说唱性，有些部分具有一定的舞蹈性。

榆林小曲伴奏的琵琶

长武县地处秦陇要隘，历来宗教祭祀活动频繁。唐朝秦王李世民曾在此立碑，超度和悼念阵亡将士；清乾隆、道光年间，曾两次考取道官职衔的文氏家庭，仿效道士之法，在家族中创建了做道场的组织，下传四代，后逐渐扩展流传。

在200多年的演进中，融入了大量的民间艺术，逐渐形成一套严格的仪式和规程。

做道场者称醮士，是非僧非道的农民，不出家，不修斋。乡邻间遇丧事，他们被请去做道场，收取一定的报酬。

民间称道场活动为"打醮"或"斋醮"。可分"清醮"和"荐亡醮"两种。"清醮"以祭祀神灵为主，一般在庙会广场做朝圣、庆诞、祈雨求丰等活动。"荐亡醮"包括荐亡迁葬、祭祖祝寿等醮事，以超度故人为主，兼祭神灵。祝寿醮的醮主必须是德高望重的老者。

醮班一般由七八人组成，醮士要净手浴身，头戴道冠，身穿黑、蓝、黄三色法服，其中黄色道袍上有阴阳八卦符号，按不同角色操不同乐器，按不同仪程诵不同经词韵调。

长武道情按进行时间长短，分为4天3夜的"成规醮仪"、3天两夜的"起落醮仪"和一天半的"站灵醮仪"。道场唱词的词格灵活多变，自成格局，有四言、五言、六言、七言、八言，乃至十七言自成一句者。唱词中有大量虚词衬句。

长武道情音乐朴素、凄婉，情绪悲哀。伴奏乐器有管、笛、鼓、铙钹、渔鼓、简板和一些小打击乐器。在以"行乐"形式出现时，演奏的曲牌多为当地群众所熟悉的民间器乐曲，如"担水""柳青娘""绣八仙""菩萨登台""祭灵"等。

除此之外，陕西曲艺还有陕西曲子、陕南渔鼓、陕西花鼓、陕南鼓词、陕西独角戏、陕西琴书、陕北梅花落、莲花落、洛南铰子书、金钱板、南宋清音、陕北二人台、陕北练子嘴、绕口令、丁家底子、评书，以及外来的相声、山东快书、河南坠子、河南曲子、山东琴书、京韵大鼓、单弦和快板书等。

阅读链接

陕西曲子，又名"清曲""眉户""坐唱曲子""板凳曲子""迷胡""闷葫芦"等。

陕西曲子分两大类，一类是清客曲子，又称"书香派"，系文人雅士茶余酒后消遣怡性、聚友娱乐之用，有"室内雅乐"之称。其流传较广的有《孔子哭颜回》《访友》《伯牙奉琴》《文王访贤》《摔琴》《农山言志》等。

另一类是江湖曲子，又称"江湖派"，系卖唱艺人所用，其代表曲目有《张连卖布》《二姐娃做梦》《两亲家打架》《狐狸闹馆》《克财鬼变驴》《鳏夫上坟》《寡妇验田》等。

陕西曲子按流行地域分为"西路曲子""东路曲子""陕南曲子""陕北曲子"。